Londres

Dan Colwell

CITYSCAPE

JPMGUIDES

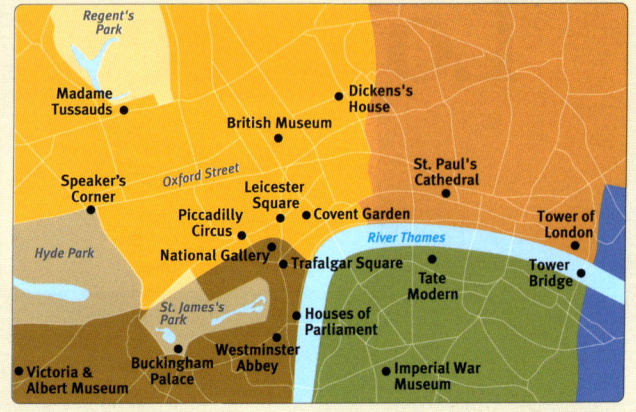

L'essentiel des curiosités de Londres est regroupé dans le centre historique, à dimensions humaines. La City ne fait qu'un mile carré et ses rues anciennes, émaillées de points de repère s'étalant sur deux millénaires, peuvent aisément se parcourir à pied. Bien que rien ne remplace la découverte à votre rythme, pour une première visite, optez pour la facilité : un tour organisé à bord d'un bus à deux étages qui sillonne la ville.

Sommaire

Intermèdes

L'architecture ancienne de Londres	24
Pour les enfants	36
Shopping londonien	48
Les marchés	56
Le sens caché des noms	66
Le pub anglais	74
Londres à l'écran	99

Plans

La City	113
Centre-ville	114
Docklands	116
Sud-ouest de Londres	118

Carte dépliante

Londres
Le métro

Nos favoris sont indiqués par une étoile ★ dans le sommaire figurant au début de chaque chapitre.

Cap sur Londres 5
Scènes du passé 9
Tout voir 15
  La City 16
  West End 26
  Westminster 38
  South Bank 58
  East End et Docklands 68
  Excursions 76
A table 87
Spectacles et loisirs 95
Le côté pratique 103
Index 119

Cap sur Londres

Si vous tombez amoureux de Londres, ce ne sera pas un coup de foudre. Cette capitale, l'une des plus agréables du monde, vous prendra petit à petit. Pas de façon provocante, par une vision instantanée ou une révélation subite. Plutôt par une succession d'images : une maison géorgienne à la sobre élégance, des détails relevés dans un pub victorien, la vaillante touche de couleur d'un pot de géraniums sur une fenêtre, un heurtoir de cuivre brillant. Tout à coup, ayant perçu quelques-uns des charmes discrets de la vie londonienne, vous découvrirez que vous vous sentez simplement bien là.

La diversité londonienne frappe immédiatement le visiteur. Ce grand centre politique, financier et économique n'est en fait pas une cité, mais une juxtaposition de villages – Chiswick, Hampstead, Chelsea, etc., entourant la City, la ville close originelle. Un seul regard dans les rues et vous lisez aussitôt l'histoire haute en couleur d'une terre d'immigration.

Aujourd'hui, malgré une concurrence féroce, Londres revendique toujours son titre de plus importante place financière d'Europe, et elle attire les hommes d'affaires de tous les coins du globe. Idem pour les jeunes du monde entier, attirés par la vibrante atmosphère d'une ville sans cesse à l'avant-garde de la culture populaire. La capitale du Royaume-Uni donne le ton de la musique rock ou pop, des boîtes branchées et des rues à la mode.

Pour certains, les arts classiques sont l'atout principal de la ville. Il y a bien sûr l'opéra, le théâtre, la musique de chambre ou symphonique, le ballet, sans compter plusieurs musées de réputation mondiale; tous font de Londres un grand centre culturel.

Tradition et modernité

Londres est jeune de cœur, mais s'accroche également avec nostalgie au passé et à la tradition.

La ville a aussi changé physiquement — l'essor immobilier a modifié son visage, dressant de hauts gratte-ciel de verre et d'acier au milieu des immeubles géorgiens et victoriens. Prenez le stupéfiant bâtiment de la Lloyds, le nouvel Hôtel de Ville futuriste de Norman Foster, sur la rive sud de la Tamise, ou le quartier des Docks. Des exemples antérieurs d'architecture contemporaine, aujourd'hui décriés, sont remplacés ou rénovés et Londres s'est acheminée brillamment vers le troisième millénaire, avec des attractions spectaculaires inaugurées au début de l'an 2000, notamment la très grande roue (London Eye) sur les bords de la Tamise, devenue l'un des «monuments» les plus populaires de la capitale. Quant au plus controversé Millennium Dome – désormais appelé O_2 – à Greenwich, il a été transformé en un complexe sportif et de divertissement.

Un écrin de verdure
Londres a réservé autant de place aux espaces verts qu'aux habitations. La plupart de ces terrains, acquis jadis dans un esprit d'intérêt public, sont un privilège jalousement gardé. Entre deux visites, reposez-vous un moment en venant y nourrir canards et moineaux, ou en pique-niquant dans un décor agréable et verdoyant, en plein cœur de la ville.

Rien de plus aisé que d'engager la conversation avec votre voisin de banc – vendeur de fruits cockney, secrétaire prenant sa pause de midi, banquier de bonne famille ou médecin indien. De personnalités aussi diverses que cette cité de villages qu'ils habitent, les Londoniens ont en commun le même savoir-vivre, une nature affable et un solide sens de l'humour. Ils se mettront en quatre pour vous rendre service. Saisissez l'occasion de mieux les connaître, votre contact avec eux sera certainement votre souvenir le plus durable de cette cité unique et débordante de vie.

SAUVÉ PAR LE GONG

L'emblématique tour de l'horloge du Parlement de Londres est souvent appelée Big Ben, mais il s'agit en fait de la tour St Stephen. Le réel Big Ben est la cloche de 13 tonnes cachée derrière le cadran de l'horloge. On pense que le nom fait référence à Sir Benjamin Hall, le corpulent directeur des travaux à l'époque de l'inauguration de la cloche en 1857. Autre théorie: il s'agirait de Benjamin Caunt, un boxeur pesant 115 kg qui remporta un épique combat en 60 rounds la même année.

Scènes du passé

Reconnu en 55–54 av. J.-C. lors de deux expéditions dirigées par Jules César, le sud de l'île, peuplé de Celtes, fut conquis au siècle suivant par l'empereur Claude, qui lança une invasion d'envergure en 43 de notre ère. Désireux de frapper Colchester, la place forte de la puissante tribu des Catuvellauni, il chercha à édifier un pont sur la Tamise. Son choix se porta sur un site que les autochtones celtes appelaient Llyn-Din, aussitôt rebaptisé Londinium, non loin de l'actuel London Bridge.

Des routes furent rapidement construites pour rejoindre la garnison, et des bateaux y accostèrent en nombre. Les marchands accoururent inévitablement, qui firent de Londinium l'une des cités les plus prospères de l'Empire. Bientôt, la ville remplaça Colchester comme capitale administrative de la Britannia romaine. Vers l'an 200, les Romains ceignirent d'une muraille semi-circulaire une superficie d'environ 259 ha – en gros, le quartier actuel de la City.

Au Ve siècle, les Romains évacuèrent Londinium – en déclin depuis que l'Empire s'effritait sous les attaques des tribus barbares – et la ville entra dans une période noire de son histoire.

Les invasions barbares

Les Celtes, d'abord favorables aux envahisseurs germaniques – Angles, Saxons et Jutes – furent ensuite refoulés par eux. Londinium s'enfonça alors dans l'oubli pour un siècle et demi. On reparla de la ville au début du VIIe siècle avec la construction de la première cathédrale Saint-Paul, au début de l'évangélisation de ses farouches habitants.

En 851, la ville fut mise à sac durant l'un des plus violents des nombreux raids vikings. Le roi Alfred et ses descendants réussirent toutefois à rétablir le calme et l'ordre. Mais en 1017, le peuple de Lunduntown – ainsi s'appelait alors Londres – ne put empêcher le roi Canut II le Grand du Danemark de s'y faire couronner roi d'Angleterre.

Les cités jumelles

En 1060, le pieux Edouard le Confesseur jeta les bases du développement futur de la capitale en déplaçant sa Cour à près de 2,5 km en amont des remparts. Il s'y fit construire un nouveau palais et une abbatiale (future abbaye de Westminster) pour les moines de Saint-Pierre. Il instaura ainsi la séparation entre le Londres du commerce et l'enclave royale et administrative de Westminster. Edouard mourut quelques semaines seulement après la consécration de la nouvelle abbaye.

C'est alors que Guillaume de Normandie («le Conquérant») traversa la Manche avec sa cavalerie et battit le nouveau roi Harold à la bataille de Hastings (1066). Il se fit couronner à Westminster la même année. Et pour pouvoir surveiller ses nouveaux sujets, il fit édifier la Tour au bord de la Tamise.

Londres regagna peu à peu de son importance, attirant des marchands immigrés. Vers 1215, nobles et marchands constituaient une force politique telle qu'ils purent obliger le roi Jean sans Terre à signer la *Magna Carta* à Runnymede, une île de la Tamise non loin de Windsor. Ce document accordait des privilèges importants aux citoyens et des franchises à la ville de Londres. La Peste Noire de 1348–1349 décima la moitié de la population londonienne. Des troubles sociaux s'ensuivirent, entraînant la révolte paysanne de

1381 qui vit la cité attaquée par les émeutiers réclamant l'abolition de l'octroi d'un shilling par tête.

La séparation de l'Eglise anglicane
L'influence de la papauté sur l'Eglise anglaise prit fin durant le règne d'Henri VIII. La rupture intervint lorsque Rome refusa d'annuler le premier mariage du roi, qui souhaitait épouser Anne Boleyn. Le souverain procéda à la Réforme, déclara l'Angleterre indépendante du pape, ordonna la dissolution des monastères et annexa les biens de l'Eglise. Ceux-ci lui assurèrent de quoi vivre dans l'opulence, notamment dans son magnifique palais de Hampton Court.

Sous le règne de sa fille, Elisabeth Ire, le pays connut son âge d'or. En littérature, avec Francis Bacon, Christopher Marlowe, Ben Jonson mais surtout Shakespeare, dont les pièces étaient jouées au Globe Theatre dans le faubourg de Southwark, de l'autre côté de London Bridge. Sur les mers, avec la victoire sur l'Invincible Armada espagnole en 1588. Financièrement: les marchands accumulèrent des fortunes colossales en commerçant avec le Moyen-Orient, la Russie et les Indes orientales.

Le coup d'Etat du Parlement
Au milieu du XVIIe siècle, la lutte pour le pouvoir entre Charles Ier et les Puritains de la Chambre des Communes emmenés par Oliver Cromwell déchaîna une guerre civile. Les marchands de la City prirent fait et cause pour le Parlement, et leur aide contribua à la défaite des Royalistes. Le monarque fut décapité, et Cromwell obtint de l'armée le titre de Lord Protecteur.

Après sa mort en 1658, la monarchie était à peine rétablie, avec Charles II, que deux fléaux s'abattaient sur Londres. La Grande Peste de 1665 emporta un tiers de la population. Un an plus tard, le Grand Incendie ravagea la City pendant plusieurs jours, détruisant la plupart de ses vieilles maisons de bois infestées par les rats – plus de 13 000 maisons et 87 églises s'envolèrent en fumée.

Un Londres tout neuf
Christopher Wren, chargé de la reconstruction, vit son fantastique projet d'urbanisme (vastes places et voies royales) contrecarré, et la ville fut rebâtie sur

son ancien plan médiéval – la brique et la pierre remplaçant toutefois le bois et le chaume trop inflammables. Wren réussit cependant à doter Londres de 50 églises majestueuses. A l'ouest des premiers remparts de la ville commençait un développement urbain qui allait durer 150 ans. D'élégantes rangées de maisons entourées d'espaces verts apparurent sur les domaines des grands propriétaires terriens (l'actuel West End) et l'élite londonienne se déplaça tout naturellement vers l'ouest.

Au XVIIIe siècle, le commerce avec les Indes orientales et occidentales – dont le volume quintupla en un siècle – fit de la ville l'une des plus grandes places commerciales européennes. Des figures littéraires telles que Swift, Pope et Dr Johnson se réunissaient dans les tavernes de ce foyer culturel important, et Haendel composait pour la Cour. Revers de la médaille : alcoolisme, prostitution, criminalité, et des pauvres entassés dans les taudis situés à l'est de la cité (East End) et au sud du fleuve.

L'essor de l'Empire connut un premier arrêt brutal avec la révolte des colonies américaines à la fin du XVIIIe siècle, auxquelles George III dut accorder l'indépendance. Au tournant du siècle, l'Empire dut également combattre la France ; le duc de Wellington mit un terme aux ambitions napoléoniennes à Waterloo.

Un paysage remodelé

La construction de quatre nouveaux docks géants, en 1802, permit de faire face à un commerce international en pleine expansion, gonflé par les produits de la récente révolution industrielle anglaise. Des travailleurs arrivèrent en masse à Londres, où ils surpeuplèrent les taudis ; Charles Dickens témoigna de leurs sordides conditions de vie et de travail. Grâce à la révolution industrielle, de nouveaux moyens de transport (bus, trains et le premier métro du monde) assurèrent également une mobilité accrue aux habitants de la capitale. Près des stations de métro éloignées du centre apparurent de nouveaux quartiers, qui furent bientôt engloutis par le Grand Londres.

La ville fut bombardée par les zeppelins allemands pendant la Première Guerre mondiale. Mais ce n'était rien en comparaison des raids hitlériens, qui tuèrent ou blessèrent 80 000 personnes et détruisirent des milliers d'immeubles. En reconstruisant, on remodela le paysage avec l'apparition de gratte-ciel et le remplacement des taudis par des bâtiments à plusieurs étages.

Le visage de Londres continue à changer aujourd'hui encore, notamment grâce au projet qui a permis de transformer les anciens docks en un luxueux quartier résidentiel et commercial (Canary Wharf). Un village de 1400 maisons a été aménagé sur la presqu'île de North Greenwich, réalisation controversée mais audacieuse de réhabilitation du secteur le plus décrépit et le plus pollué de Londres. Le XXIe siècle s'est ouvert sur l'inauguration du Millennium Dome et celle de la Tate Modern, un nouveau musée d'art moderne occupant les vastes espaces de l'ancienne centrale électrique de Bankside. En 2012, Londres accueillera les Jeux olympiques d'été. Ses habitants espèrent que cela revitalisera les quartiers est de la ville.

ROIS DU BITUME

Pour recevoir leur licence, les chauffeurs des Black Cabs londoniens doivent prouver qu'ils maîtrisent «The Knowledge» («La Connaissance»). Ils le font en mémorisant 320 routes incluant 1400 points de repère et 25000 rues dans un rayon d'une dizaine de kilomètres autour de Charing Cross, comme établi par le Public Carriage Office. Il faut parfois jusqu'à 4 ans pour réussir le test, au terme duquel les taxis auront acquis la licence All-London et une connaissance quasi mystique de la topographie de la ville.

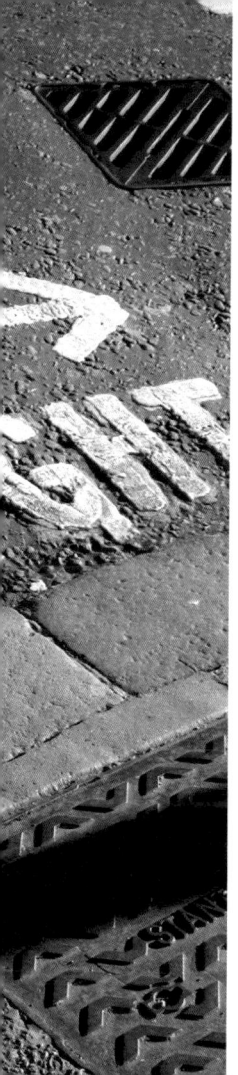

Tout voir

La City	16
La partie la plus ancienne de la ville, occupant le site de la colonie romaine originelle	
West End	26
Boutiques et parcs, musées et une vie nocturne époustouflante	
Westminster	38
Gouvernement et royauté	
South Bank	58
Musées et complexes artistiques, et la balade sur les quais	
East End et Docklands	68
Les attractions les plus récentes et les plus audacieuses de Londres	
Excursions	76
Châteaux, manoirs, collèges et jardins	

# LA CITY

Le cœur incontesté de la vie financière britannique depuis sa fondation comme ville de garnison romaine il y a 2000 ans, le Square Mile (le mile carré), comme on l'appelle aussi, bat toujours au rythme frénétique du brassage des affaires et du maniement de l'argent. De nos jours, l'excitation règne la semaine, lorsque les employés de la City se répandent dans les rues. Le week-end, l'endroit est aussi assoupi qu'un village campagnard. La City a survécu à divers désastres au cours de son histoire, notamment au Grand Incendie de 1666 et au Blitz de la dernière guerre. A chaque fois elle a été reconstruite selon un plan de rues identique, aussi fut-elle sans cesse ultramoderne du point de vue architectural tout en conservant un fort sens de son identité.

LES ADRESSES DU QUARTIER

VISITES

Architecture
St Bride's 16
St Bartholomew's 18
St Paul's ★ 18
St Stephen Walbrook 19
Guildhall 19
The Monument ★ 20
Tower of London ★ ...21
Tower Bridge ★ 21

Art
Guildhall Art Gallery 20

Atmosphère
Old Bailey 18

Musées
Dr Johnson's House ..17
Museum of London ★ 19
Bank of England Museum 19
Clockmakers' Museum 20

BALADE 22

À TABLE 88

St Bride's (F3) Les métiers de l'imprimerie s'installèrent sur Fleet Street durant le XVIe siècle en raison de sa position à mi-chemin de ces deux bastions de l'écriture qu'étaient les Inns of Court et leurs juristes et la cathédrale St Paul et ses hommes d'Eglise. Deux siècles plus tard, la rue accueillit les débuts de la presse, et cet édifice de Christopher Wren porta dès lors le nom d'«église de la presse». Imprimeurs et journaux ont déménagé par la suite, mais on en apprend beaucoup sur eux dans le petit musée situé dans la crypte. La glorieuse

La station de métro Bank tient son nom de la Banque d'Angleterre voisine.

flèche de l'église, 69 m de haut, est la plus haute de toutes celles créées par Wren. Elle aurait servi de modèle à la pièce montée traditionnelle des mariages – un pâtissier de Fleet Street acquit une grande renommée à la fin du XVIIIe en fabriquant des gâteaux en forme de clocher-pagode de St Bride's. • **Lundi à vendredi de 8h à 18h, samedi de 11h à 15h, dimanche de 10h à 18h30. Mardi, mercredi et vendredi, concerts à 13h15, sauf pendant le carême, l'avent et le mois d'août** • Fleet Street, EC4 ⊖ Blackfriars

Dr Johnson's House (F3) Une petite allée du côté nord de Fleet Street conduit à la demeure où Samuel Johnson vécut de 1749 à 1759. C'est dans le grenier qu'il établit le premier dictionnaire anglais, aidé par six clercs. La maison renferme des portraits de Johnson et de ses relations. Après la visite, allez boire un verre à l'Olde Cheshire Cheese, le pub voisin qu'il fréquentait souvent. • **Lundi à samedi de 11h à 17h30; octobre à avril jusqu'à 17h** • 17 Gough Square par Hind Court, EC4 ⊖ Blackfriars ou Chancery Lane

Old Bailey (Central Criminal Courts) (F3) Poursuivez à l'est sur Fleet Street jusqu'à Ludgate Hill. Avant de monter à St Paul's, tournez à gauche et gagnez le tribunal qui jugea tant de criminels célèbres et… Oscar Wilde. Prenez place dans l'une des galeries publiques et observez les avocats en perruque et les juges au travail. • Galerie des visiteurs ouverte au public du lundi au vendredi de 10h30 à 13h et de 14h à 16h ou jusqu'à la fin des séances. Pas d'appareils photo, sac ou téléphone. Les enfants de moins de 14 ans ne sont pas admis • Old Bailey et Newgate Street, EC4 ⊖ St Paul's

Priory Church of St Bartholomew the Great (F3) Située à côté du célèbre St Bart's Hospital, en face de l'Old Bailey sur Newgate Street, cette petite église est l'une des rares survivantes de la Londres médiévale. Elle a été fondée en 1123 par Rahere, un courtisan d'Henri Ier, dont la tombe se trouve à côté du maître-autel. L'ancienne Lady Chapel, désaffectée à la Réformation, fut jadis utilisée comme imprimerie; Benjamin Franklin y travailla. • **Lundi à vendredi de 8h30 à 17h** (16h de mi-novembre à fin février), **samedi de 10h30 à 16h, dimanche de 8h30 à 20h** • West Smithfield, EC1 ⊖ Farringdon ou St Paul's

St Paul's Cathedral (F3) Au sommet de Ludgate Hill, son dôme, chef-d'œuvre de Wren, domine le paysage londonien. La cathédrale actuelle est la cinquième église consacrée sur ce site au saint patron de la ville. Lorsque la quatrième fut détruite par le Grand Incendie de 1666, Wren découvrit dans ses cendres l'ancienne pierre angulaire portant la mention «*Resurgam*» (Je renaîtrai); il fit graver cette sentence sur le fronton du porche sud de la nouvelle cathédrale. C'est ici qu'eurent lieu les funérailles de Nelson et du duc de Wellington et le mariage du prince Charles avec Diana. Des dorures resplendissantes de la nef aux stalles sculptées par Grinling Gibbons dans le chœur, l'intérieur baroque a retrouvé toute sa splendeur suite aux rénovations pour le 300e anniversaire de la cathédrale en 2008. La crypte, qui abrite la tombe de Wren, expose aussi ses maquettes, des habits liturgiques et d'autres trésors; le Coin des Peintres contient les tombes de grands artistes, y compris Van Dyck et Constable. Grimpez ensuite dans la coupole, d'abord dans la Whispering Gallery pour apprécier son acoustique, puis dans les Stone et Golden Galleries qui offrent un beau panorama sur Londres. • **Lundi à samedi de 8h30 à 16h** (dernière entrée). Galeries ouvertes dès 9h30 (ticket d'entrée séparé) • Ludgate Hill, EC4 ⊖ St Paul's

Museum of London (G3) A l'arrière de la cathédrale, ne manquez pas de faire un petit détour vers le nord pour gagner ce musée d'histoire urbaine – le plus important au monde – qui vous invite à découvrir la ville de Londres de la préhistoire à nos jours. Une large baie permet d'entrevoir une partie de l'ancienne muraille romaine ; une carte des remparts, que vous pouvez acheter ici, vous permet d'en localiser les vestiges à l'extérieur du musée. Un spectaculaire montage audiovisuel fait revivre le Grand Incendie. Au hasard des salles éclectiques : le masque mortuaire d'Oliver Cromwell, des reliques de la Grande Peste, un abri anti-aérien des années 1940 et le carrosse d'apparat rococo du Lord-Maire. Dans les étages inférieurs, les nouvelles Galleries of Modern London retracent l'histoire de la ville de sa résurrection après le Grand Incendie de 1666 à l'époque contemporaine. • **Tous les jours de 10h à 18h (dernière entrée à 17h30)** • 150 London Wall, EC2 ⊖ St Paul's

Bank of England Museum (G3) Revenez sur vos pas à travers un dédale de ruelles jusqu'à l'institution qui préside aux affaires financières de la nation. La Banque d'Angleterre fut fondée en 1694 pour procurer au roi Guillaume III les fonds nécessaires pour guerroyer avec la France. Dans ce musée étonnamment intéressant, l'histoire de la banque est contée avec force lingots d'or et billets de banque. Exposition captivante sur la contrefaçon, dispositifs sophistiqués expliquant comment la banque suit l'évolution des marchés internationaux. • **Lundi à vendredi de 10h à 17h** • Bartholomew Lane, EC2 ⊖ Bank

St Stephen Walbrook (G3) L'église du Lord Mayor de Londres fut l'une des premières à être reconstruite par Sir Christopher Wren après le Grand Incendie. Sous la coupole en plâtre et bois se dresse un autel en travertin dû à Henry Moore (1972). L'acoustique est superbe et on y donne des concerts d'orgue le vendredi à 12h30. • **Lundi à vendredi de 10h à 16h** • Walbrook, EC4 ⊖ Bank

Guildhall (G3) Centre de l'administration de la City of London depuis le Moyen Age, cette magnifique résidence renaquit par deux fois de ses cendres – elle fut victime du Grand Incendie de 1666 et du Blitz de la dernière guerre. C'est l'une des plus vastes salles publiques d'Angleterre et plusieurs grands procès pour trahison s'y déroulèrent, ceux de Lady Jane Grey et de l'archevêque Cranmer notamment. Malgré ses diverses reconstructions, le bâtiment conserve son atmosphère médiévale, avec les bannières et les boucliers des principales confréries de la Ville suspendus sous les fenêtres de style gothique. On y trouve aussi des monuments à Nelson, Wellington et Churchill, tandis que les insolites statues de la West Gallery sont celles de Gog et Magog. Ces personnages géants représentent les habitants légendaires de l'Angleterre ancienne, figures populaires des cortèges et spectacles médiévaux et élizabéthains. • **Mai à septembre, tous les jours de 10h à 16h30 sauf lorsque des événements y sont organisés; fermé le dimanche le reste de l'année** ☎ 7606 30 30 ext. 1463 • Guildhall Yard, EC4 ⊖ Bank

Guildhall Art Gallery (G3) Les collections de la Corporation de Londres rassemblent principalement de l'art britannique du XVIIe siècle à nos jours. Elles comprennent des portraits de différents maires et plusieurs tableaux de la ville elle-même, donnant une bonne idée de son développement au cours des siècles. Les artistes de renom incluent Constable, Millais et Lord Leighton. Difficile de rater la toile gigantesque de John Singleton Copley *La Défaite des batteries flottantes à Gibraltar* – lorsque la galerie fut rebâtie après avoir été bombardée durant la dernière guerre, une salle dut être spécialement aménagée pour la recevoir. Seule une petite partie des collections de la Corporation est exposée, mais la politique de rotation des tableaux fait qu'il est toujours possible d'en voir de différents. Vous pourrez découvrir au sous-sol les vestiges exhumés d'un amphithéâtre romain. • **Lundi à samedi de 10h à 17h, dimanche de midi à 16h** ☎ 7332 37 00 ou 7332 14 62 • Guildhall Yard EC4 ⊖ Bank

Clockmakers' Museum (G3) La Compagnie des Horlogers (Clockmakers) fut établie par décret royal en 1631, aussi sa collection d'horloges, montres et autres garde-temps est-elle impressionnante. Installé dans le Guildhall, le musée a été réorganisé récemment, mais la place d'honneur est toujours occupée par le chronomètre de marine de John Harrison. Cette invention permit le calcul précis de la longitude en mer. • **Lundi à samedi de 9h30 à 16h45** • Aldermanbury EC4 ⊖ Bank

The Monument (G4) On atteint cette colonne de pierre d'un blanc étincellant, commémorant le Grand Incendie, en prenant au sud King William Street en sortant de la Banque d'Angleterre. Sa hauteur (61 m) correspond à la distance la séparant de la boulangerie de Pudding Lane où la tradition populaire place le déclenchement de l'incendie. Conçue par Wren et Hooke dans les années 1670, elle compte 311 marches que vous pourrez gravir pour aller admirer la vue superbe sur la ville. • **Tous les jours de 9h30 à 17h30 (dernière entrée à 17h)** ☎ 7626 27 17 • Monument Street, EC3 ⊖ Monument

Tower of London (H4) Située à l'est au bord de la Tamise, la Tour est l'un des édifices les plus célèbres du monde. Essayez d'y aller tôt le matin, car la file est souvent longue, et si possible pas le dimanche. La construction de la Tour fut décidée au XIe siècle par Guillaume le Conquérant. Elle est aujourd'hui placée sous la surveillance des Yeomen Warders (les célèbres Beefeaters), qui assurent une visite guidée aussi vivante qu'humoristique du monument, dont ils racontent l'histoire macabre, sans oublier de poser pour les touristes. La Tour du Sang servit autrefois de prison, notamment à Anne Boleyn, Sir Thomas More et Sir Walter Raleigh. Vous admirerez les joyaux de la Couronne dans la Jewel House. Dans les salles du palais d'Edouard Ier, éclairées à la chandelle, les costumes des gardiens s'inspirent de ceux du XIIIe siècle. Tous les soirs depuis 700 ans se déroule la Cérémonie des Clefs, qui permet au chef des Yeomen de fermer les portails «en repoussant la foule» au son du clairon. • **Mars à octobre: mardi à samedi de 9h à 17h30, dimanche et lundi de 10h à 17h30; novembre à février: mardi à samedi de 9h à 16h30, dimanche et lundi de 10h à 16h30 (dernière admission 30 min avant la fermeture). Cérémonie des Clefs: 21h50 (les visiteurs doivent se présenter à 21h30);** pour y assister, s'inscrire à l'avance en écrivant à: Ceremony of the Keys Office, HM Tower of London, EC3N 4AB (joindre un coupon-réponse international ou une enveloppe timbrée, timbres du Royaume-Uni uniquement) • Tower Hill, EC3 ⊖ Tower Hill

Tower Bridge (H4) Enjambant la Tamise non loin de la Tour se dresse ce chef-d'œuvre de l'ingénierie victorienne, dont les puissants tabliers basculent en un temps record (90 secondes) pour laisser passer les gros navires. Vous pouvez visiter l'intérieur du pont, et voir le Tower Bridge Exhibition qui raconte son histoire et vous donne l'occasion de vous aventurer sur les passages aériens. • **Avril à septembre: tous les jours de 10h à 18h30 (dernière entrée à 17h30); octobre à mars: tous les jours de 9h30 à 18h (dernière entrée à 17h). Dernière visite guidée 1h15 avant la fermeture** ⊖ Tower Hill

EN BALADE: LA CITY

L'un des plus célèbres monuments de Wren est la colonne de 61 m de haut qui commémore le Grand Incendie; appelé simplement le **Monument**, il se dresse juste à l'ouest de **Pudding Lane**. Sa hauteur correspond à la distance exacte le séparant de la boulangerie de Farryner. Wren collabora à sa création avec son ami, le scientifique Robert Hooke, et la plus haute colonne du monde indiqua ainsi au monde que Londres reprenait vie après l'enfer.

Marchez vers le nord dans les pas de Samuel Pepys, qui écrivit dans son journal intime en date du 5 septembre 1666 qu'il avait descendu **Gracechurch Street** et Lombard Street et les avait trouvées «entièrement en poussière». A mi-chemin sur Lombard Street se dresse **St Edmund's**, autre fruit de la collaboration Wren-Hooke. Remarquez, parmi les décorations du clocher, la présence insolite d'ananas, un fruit qui venait de faire son apparition à Londres et suscitait maints commentaires.

Poursuivez à l'ouest sur Lombard Street jusqu'à **Cornhill**. L'immense **Royal Exchange**, datant de 1844, est désormais une galerie marchande chic; en 1666, c'était le centre du commerce de la cité et l'on prétendit que l'odeur de brûlé de la cannelle et du poivre entreposés là avait alors rempli toute la ville. En face, au carrefour, **Mansion House** est la résidence officielle du Lord Mayor de Londres. Sur sa droite, admirez **St Stephen Walbrook**. Avec sa belle coupole centrale, cette charmante église bâtie par Wren est souvent considérée comme un galop d'essai avant l'édification de St Paul's.

Revenez à Mansion House et tournez à gauche dans **Cheapside** (*chepe* désignait le marché en vieil anglais). Du côté gauche de cette large artère se trouve **St Mary-le-Bow**. Elle possède l'une des plus belles flèches de Wren, mais ses cloches, les Bow Bells sont plus célèbres, car on prétend que toute personne née dans le périmètre de leur son est un authentique cockney.

A l'extrémité ouest de Cheapside, vous débouchez sur **St Paul's Cathedral**, le chef-d'œuvre de Wren et l'un des plus spectaculaires exemples d'architecture baroque au monde.

LA CITY 23

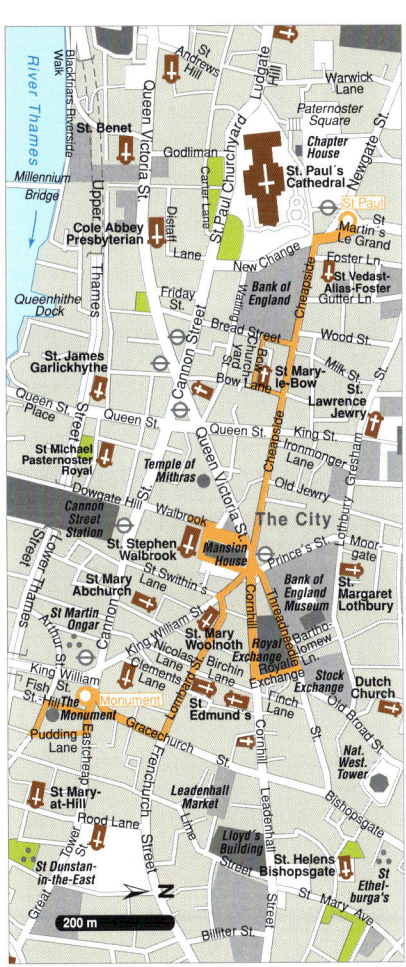

APRÈS LE GRAND INCENDIE: WREN ET LA RECONSTRUCTION DE LONDRES

Le Grand Incendie de Londres éclata aux premières heures du 2 septembre 1666 dans Pudding Lane, au domicile de Thomas Farryner, le boulanger du roi. En l'espace de 3 jours, le feu avait détruit 80% de la City de Londres, engloutissant quelque 90 églises et 13 000 maisons. Par bonheur, la tâche de reconstruire la ville fut confiée à Christopher Wren, un astronome qui se révéla également un architecte de génie.

Départ:
⊖ Monument

Arrivée:
⊖ St Paul's

L'ARCHITECTURE ANCIENNE DE LONDRES

La plupart des édifices anciens de Londres avaient disparu à l'époque du Grand Incendie de 1666. La ville d'aujourd'hui est essentiellement une création de ces trois derniers siècles. Mais on rencontre encore des témoins de périodes architecturales antérieures.

Le Londres romain

Boadicée ravagea Londres en 62 av. J.-C., mais la cité fut rapidement reconstruite. Aujourd'hui, les principaux signes d'une présence romaine sont les vestiges du mur défensif érigé autour de la ville au début du IIe siècle. Les meilleurs endroits d'où voir ces fortifications sont les jardins du Museum of London; l'église St Giles voisine où subsiste un pan du Cripplegate Bastion; et Trinity Square, sur Tower Hill, qui possède un fragment de mur haut de 7 m. Le tracé de certaines des principales routes entrant et sortant de la ville reprend le modèle romain original qui plaçait la capitale au cœur du réseau de voies de communication du pays. Les caractéristiques de la voie romaine – large et droite – se retrouvent sur Bishopsgate, qui quitte la City au nord de London Bridge et permettait jadis aux légionnaires de marcher rapidement sur Lincoln et York, ainsi que sur Oxford Street et Notting Hill, qui suivent le tracé de la voie antique vers Silchester, à l'ouest de Reading. Watling Street était sur la route romaine allant de Douvres à St Albans et suivait le tracé de l'actuel Cheapside, mais ses origines antiques sont surtout visibles sur Edgware Road, qui file au nord de Marble Arch.

La cité médiévale

Westminster Abbey fut achevée sous Edouard le Confesseur en 1066. La même année vit l'invasion normande et Guillaume le Conquérant commença à bâtir la Tour de Londres avec des pierres importées de Caen en Normandie, dans un style alors inconnu en Angleterre, l'arc en plein cintre roman. Le développement du Londres médiéval fut rapide. Parmi les exemples d'édifices normands encore debout, citons le superbe Westminster Hall dans les Houses of Parliament, construit sous Guillaume II en 1097 et comportant une spectaculaire charpente à blochets datant du règne de Richard III; la restauration gothique de Westminster Abbey, effectuée en 1245 sous Henri III; le Old Hall de Lincoln's Inn (1492), jadis pièce de séjour de la communauté d'avocats alors en résidence; et Eltham Palace dans le sud-est de Londres, avec sa splendide salle du XVe siècle.

Tudors, Stuarts et interrègne

Le chef-d'œuvre de la période Tudor à Londres se trouve à l'ouest de la City, à Hampton Court, bâti en 1514 par le cardinal Wolsey. Dans un autre genre, citons deux pubs du XVIe siècle dans l'est de Londres. Le Prospect of Whitby, sur Wapping High St (1520) possède des poutres apparentes, des sols dallés et une vue superbe sur la Tamise; en face, à Rotherhihe, le Mayflower (1550) se dresse à l'endroit où Christopher Jones, le capitaine du *Mayflower*, amarrait son navire avant de transporter les Pères pèlerins en Amérique. On découvre aussi des joyaux de l'époque Stuart. Peu connue, la Prince Henry's Room, au N° 17 de Fleet St, est une belle demeure jacobéenne aux boiseries en chêne, utilisée vers 1610 par les conseillers juridiques du prince Henry, fils aîné de Jacques Ier. Nettement plus majestueuse, la Piazza, sur Covent Garden, fut conçue en 1631 par Inigo Jones, célèbre architecte de l'époque. On lui doit aussi la Queen's House de Greenwich, la première villa palladienne bâtie en Angleterre, ainsi que la merveilleuse Banqueting House de Whitehall. La Charlton House, dans le sud-est de Londres, fut achevée en 1612: c'est l'unique demeure jacobéenne complète subsistant à Londres. Pratiquement rien ne fut construit durant le protectorat de Cromwell. En fait, le clocher de All Hallows by the Tower (1658–59) n'est remarquable que par le fait qu'il est le seul de Londres à avoir subi des transformations durant cette période, et il est parvenu à survivre au Grand Incendie et à une bombe de la Luftwaffe qui frappa l'église en 1940.

WEST END

Le West End est un terme un peu flou du point de vue géographique désignant la partie de Londres qui s'est développée à l'ouest de la City et se distingue de par son opulence et sa grandeur de l'East End plus pauvre qui s'étend dans la direction opposée vers les docks. De nos jours, le nom évoque tout autant le tohu-bohu du quartier des théâtres, des restaurants haut de gamme et des night-clubs glamour. On trouve aussi dans cette vaste zone des musées et galeries d'art de réputation mondiale, des artères commerçantes chic et de superbes parcs.

LES ADRESSES DU QUARTIER

VISITES

Architecture
Inns of Court 26
St James's Church 31

Art
Wallace Collection ...29
Courtauld Gallery.....33
Embankment Galleries.................33

Atmosphère
Piccadilly Circus ★ 31
Leicester Square.......32

Lèche-vitrine
Oxford Street 29
Marks & Spencer 30
Selfridges 30
Bond Street 30
Liberty plc................30
Carnaby Street.........30
Fortnum & Mason 32
Covent Garden ★ 32

Musées
Dickens's House 27
British Museum ★.....28
Madame Tussauds ...28
Sherlock Holmes Museum 29
London Transport Museum 33
B. Franklin House 33

Un bol d'air
Regent's Park...........28
London Zoo ★ 28

BALADE 34

À TABLE 88

Inns of Court (E–F3–4) A l'ouest de la City, couvrant de grands espaces du Victoria Embankment à Holborn, les quatre «auberges» furent créées au XIVe siècle pour loger avocats et étudiants en droit. Un dédale d'allées, de jardins et de cours leur donne des allures de collèges d'Oxford et de Cambridge. Les Inner et Middle Temples doivent leur nom aux Templiers, qui avaient édifié une église et un monastère en ces lieux. Le Middle Temple Hall (XVIe) n'est plus ouvert au

A Covent Garden, vous trouverez de nombreux cafés et pubs où faire une pause après une longue journée de shopping.

public. Par contre, vous pouvez visitez l'édifice victorien des Royal Courts of Justice (Palais de Justice, E3) situé entre Fleet Street et Chancery Lane. Les jardins de Lincoln's Inn (E3) constituent un merveilleux havre de paix. Dans la loge (Gatehouse), vous observerez les armoiries d'Henri VIII au-dessus des portes en chêne. Les lambris de l'ancienne résidence (Old Hall) et de la chapelle méritent votre attention. C'est à Gray's Inn (E2–3) que fut représentée la *Comédie des Erreurs* de Shakespeare (1594) pour la première fois. • **High Holborn, WC1** ⊖ **Temple ou Chancery Lane**

Dickens's House (E2) Les lecteurs de Dickens font le pèlerinage jusqu'à cette maison, non loin de Gray's Inn, le seul de ses domiciles londoniens à subsister. Il y vécut deux ans et y écrivit *Oliver Twist* et *Nicholas Nickleby*. Divers manuscrits de l'auteur sont exposés, ainsi que le bureau sur lequel il écrivait sans se laisser distraire par la vie de famille se déroulant autour de lui. • **Tous les jours de 10h à 17h (dernière entrée à 16h30) • 48 Doughty Street, WC1** ⊖ **Russell Square**

British Museum (D2–3) Du sommet de Doughty Street, tournez à gauche et gagnez Russell Square, derrière lequel se dresse le plus célèbre musée de Londres, rempli de trésors, y compris la *Magna Carta* qui fixa les bases du droit anglais en 1215, des momies égyptiennes, les marbres d'Elgin et le trésor de Sutton Hoo. La pierre de Rosette, découverte par Champollion, est aussi exposée; ses inscriptions permirent de déchiffrer les hiéroglyphes égyptiens. Trois galeries sont consacrées aux trésors de Mésopotamie et d'Anatolie. La Wellcome Trust Gallery (salle 24) est quant à elle dédiée aux peuples des mers du Sud; on peut y voir notamment une statue de l'île de Pâques. • **Tous les jours de 10h à 17h30, jeudi et vendredi jusqu'à 20h30. Reading Room: jeudi jusqu'à 20h30, vendredi jusqu'à 18h. Great Court: dimanche à mercredi de 9h à 18h, jeudi à samedi de 9h à 23h** ☎ 7323 82 99 • Great Russell Street, WC1 ⊖ Tottenham Court Road, Russell Square ou Holborn

Madame Tussauds (B2) Vingt minutes de marche le long de Gower Street, puis à gauche dans Euston Road jusqu'à Marylebone vous conduiront à ce fameux musée de cire présentant les effigies de personnages célèbres, plus une effrayante Chambre des Horreurs. L'attraction Spirit of London fait revivre la ville à travers les âges avec ses bruits et ses odeurs. Ne manquez pas le Stardome et son spectacle à 360°, *The Wonderful World of Stars*, conçu par les studios d'animation Aardman, créateurs notamment de Wallace et Gromit. • **Lundi à vendredi de 9h30 à 17h30, week-end et vacances scolaires de 9h à 18h; fin juillet à fin août de 9h à 19h** • Marylebone Road, NW1 ⊖ Baker Street

Regent's Park (B1–2) A un bloc plus au nord, voici le plus élégant des parcs londoniens. L'architecte John Nash réalisa l'aménagement du parc et de la rue jouxtant Westminster, qui furent achevés en 1828. Outre le zoo, le parc offre du canotage sur le lac, la roseraie des Queen Mary's Gardens et un théâtre shakespearien en plein air. Vous pouvez admirer les terrasses de Park Crescent et Outer Circle, qui sont aussi l'œuvre de Nash, ainsi que Regent Street, au sud, surtout célèbre de nos jours pour le plus grand magasin de jouets du monde, Hamley's. • **Ouvert tous les jours jusqu'au crépuscule** ⊖ Baker Street

London Zoo (Hors plan, dir. B1) Prenez un plan à l'entrée principale et vérifiez les heures des repas, c'est le moment le plus intéressant. L'attraction *Ani-*

mal Adventure permet aux enfants d'approcher et de caresser toutes sortes d'animaux. Vous pourrez également vous promener à travers une forêt tropicale. • Avril à septembre: tous les jours de 10h à 17h30; octobre à mars: tous les jours de 10h à 16h (dernière entrée une heure avant) • Regent's Park, NW1 ❂ Camden Town; bus 274, C2, Z1 (en été); vedette depuis Camden Lock ou Little Venice

Sherlock Holmes Museum (B2) Le célèbre détective vécut au 221b Baker Street, bien qu'à l'époque de Conan Doyle l'adresse précise n'existât pas. Ce numéro a été affecté depuis à un bâtiment différent de Baker Street, dans lequel une reconstitution historique comporte les éléments inévitables: le chapeau de Sherlock, sa pipe et sa loupe. Poursuivez jusqu'à la station de métro et vous verrez une statue du grand homme. • **Tous les jours de 9h30 à 18h** ☎ 7935 88 66 • 221b Baker Street, NW1 ❂ Baker Street

Wallace Collection (B3) Tournez à gauche à la hauteur de Selfridges pour atteindre la demeure XVIIIe du collectionneur d'art Sir Richard Wallace. Remarquables tableaux français des XVIIe et XVIIIe siècles (dont des Fragonard), porcelaines de Sèvres, mobilier, et le *Cavalier riant* de Frans Hals. Allez prendre un en-cas au café dans le jardin de la Sculpture. • **Tous les jours de 10h à 17h** • Hertford House, Manchester Square, W1 ❂ Bond Street

Oxford Street (B–D3) Pratiquement toutes les rues quittant Regent's Park débouchent sur cette artère commerçante animée de 3 km de long. Selfridges, John Lewis, Marks & Spencer, HMV et le Vir-

SALONS DE THÉ ET SNACKS

Au milieu des hommes de la City et autres Londoniens pressés, seul le touriste semble avoir le temps de se consacrer pleinement à la cérémonie du thé. Dans la tradition anglaise, le thé se sert à partir de 16h; des théières entières arrosent de petits sandwiches, gâteaux, scones et viennoiseries. Les grands magasins ont presque tous un salon de thé, un café ou un snack-bar, l'idéal pour faire une petite pause pendant une période de shopping intensif. Un *high tea*, copieux, propose toute une gamme de plats chauds, ou encore de la charcuterie et de la salade. Il peut remplacer avantageusement le dîner avant une soirée théâtre.

Les fameux scones.

gin Megastore sont tous là, plus nombre de boutiques, magasins touristiques et de souvenirs. A l'extrémité ouest vous trouverez Marble Arch, érigée par John Nash et devant servir de portail à Buckingham Palace – elle s'avéra malheureusement trop petite et fut transférée ici en 1851, trouvant un nouveau rôle de point de repère au centre du trafic. ⊖ Marble Arch, Bond Street, Oxford Circus ou Tottenham Court Road

Marks & Spencer (B3) Réputé pour ses produits de haute qualité à prix raisonnable. Vêtements pour hommes et femmes, articles de toilette, ménage et épicerie fine. Autres magasins sur Kensington High Street et Kings Road. • **Lundi à vendredi de 9h à 21h, samedi de 9h à 20h, dimanche de midi à 18h** • 458 Oxford Street, W1 ⊖ Bond Street ou Marble Arch

Selfridges (B3) Grand magasin, immense, vendant de tout. Vaste rayon alimentation. • **Lundi à samedi de 9h30 à 21h, dimanche de midi à 18h** • 400 Oxford Street, W1 ⊖ Bond Street

Bond Street (C3–4) L'artère commerçante la plus chic de Londres court au sud d'Oxford Street, mais vous ne verrez aucun panneau mentionnant son nom, car il s'agit en fait d'un amalgame de deux rues différentes, New Bond Street et Old Bond Street. Elle abrite les grands noms de la haute couture, les grands joailliers et parfumeurs, des galeries d'art chic et le temple de la vente aux enchères qu'est Sotheby's. ⊖ Bond Street

Liberty plc (C3) Ce grand magasin à la façade pseudo-Tudor est célèbre pour ses étoffes imprimées aux motifs particuliers. • **Lundi à samedi de 10h à 21h, dimanche de midi à 18h** • Great Marlborough Street, W1 (une perpendiculaire à Regent Street) ⊖ Oxford Circus

Carnaby Street (C3–4) Cachée derrière Regent's Street au sud d'Oxford Circus, Carnaby Street fut la vitrine du Londres des années 1960. Une fois la mode passée, les boutiques branchées laissèrent la place aux magasins de souvenirs d'un goût douteux qui tablent sur le statut de symbole de la rue. Mais les choses se sont améliorées, des maisons de couture d'avant-garde étant revenues dans le quartier. ⊖ Oxford Circus

Piccadilly Circus, avec ses imposantes enseignes lumineuses, est l'une des places les plus connues de la ville.

Piccadilly Circus (D4) Si Londres a un centre, c'est probablement là. Posé au carrefour de Regent's Street, Shaftesbury Avenue et Piccadilly, c'est l'endroit le plus couvert de néons de toute la ville. Chaque touriste se doit de se retrouver à un moment ou un autre sous la statue d'Eros – statue qui n'a rien à voir avec le dieu de l'Amour et s'appelle en fait l'*Ange de la charité chrétienne*, dédié au philanthrope victorien Lord Shaftesbury. ⊖ Piccadilly Circus

St James's Church (D4) Non loin de Piccadilly, la dernière église londonienne dessinée par Wren était apparemment sa préférée. Notez son buffet d'orgues en bois sculpté, ses fonts baptismaux et l'encadrement du retable d'autel dus à Grinling Gibbons. Le poète et artiste William Blake y fut baptisé en 1757. Des activités profanes se déroulent ici: marché artisanal les vendredis et samedis, Brass Rubbing Centre, café-restaurant et concerts pendant la pause déjeuner les lundis, mercredis et vendredis. • **Tous les jours de 8h à 19h** • Piccadilly, W1 ⊖ Piccadilly Circus

Leicester Square (D4) A l'est de Piccadilly Circus s'étend un espace piétonnier qui abrite certains des plus grands cinémas de la capitale. C'est le point de départ idéal d'où explorer Chinatown, entourant Gerrard Street et le quartier de Soho, avec ses cafés, restaurants et clubs en tout genre. ↔ Leicester Square

Fortnum & Mason (C4) La maison fut fondée en 1707 par William Fortnum, l'un des valets de pied de la reine Anne. Les vendeurs foulent toujours les tapis rouges en queue-de-pie. L'endroit idéal pour dénicher des cadeaux comestibles exotiques, ainsi que des articles tels que vaisselle, cristal, etc. Elégant tea-room. • Lundi à samedi de 10h à 20h, dimanche de midi à 18h • 181 Piccadilly, W1 ↔ Green Park

Covent Garden (E4) Poursuivez vers l'est au-delà de Charing Cross Road jusqu'à l'ancien marché aux légumes et aux fleurs célébré par Fielding et Hogarth: on y trouve des boutiques à la mode et des stands vendant antiquités, vêtements et artisanat. Les étals débordent sur Jubilee Market, au sud de la place. Tout

MIND THE GAP

Dans le métro, vous entendrez rapidement l'annonce «Mind the Gap» («Attention à l'espace»), répétée chaque fois qu'une rame s'arrête à une station où existe une distance significative entre les wagons rectilignes et le quai incurvé. Les plus grands «trous» sont à Picadilly Circus, Waterloo et Bank, sur la Central Line. La phrase est entrée dans le langage courant, on la voit sur des T-shirts, tasses et autres posters. Elle a figuré dans des films, poèmes, chansons pop et jeux vidéo et c'est le titre d'une composition classique contemporaine pour violoncelle et orchestre de Robert Steadman, qui commence et s'achève naturellement par le soliste déclarant «Mind the Gap».

autour s'étendent des cafés, et le divertissement est assuré par des musiciens de rue, jongleurs et autres artistes. • **Covent Garden, WC2** 🚇 **Covent Garden**

London Transport Museum (E4) Ses galeries retracent l'histoire des transports en commun londoniens, ainsi que leurs futurs développements. Vous pourrez aussi y voir des anciens modèles de bus, trains et rames de métro. La boutique du musée vend des affiches et d'autres souvenirs. • **Lundi à jeudi, samedi et dimanche de 10h à 18h, vendredi de 11h à 18h (dernière entrée à 17h15)** • **Piazza, Covent Garden, WC2** 🚇 **Covent Garden**

Courtauld Gallery (E4) Depuis Covent Garden, prenez au sud sur Wellington Street et gagnez le Strand. Du côté de la Tamise se dresse Somerset House, magnifique édifice datant de 1776. L'aile nord abrite aujourd'hui une belle galerie d'art, formée essentiellement d'œuvres privées. Le magnat du textile Samuel Courtauld rassembla notamment une collection de toiles impressionnistes. Parmi les œuvres majeures, ne manquez pas le *Bar aux Folies-Bergère* de Manet et l'*Artiste à l'oreille coupée* de Van Gogh, des peintures de Degas, Gauguin et Cézanne, et des chefs-d'œuvre plus anciens de Botticelli, Rubens, Dürer et Rembrandt. • **Tous les jours de 10h à 18h (dernière entrée à 17h30); gratuit le lundi de 10h à 14h. Possibilité de ticket combiné avec la Gilbert Collection** • **Somerset House, The Strand, WC2** 🚇 **Covent Garden ou Temple**

Embankment Galleries (E4) Des expositions temporaires consacrées aussi bien à l'art contemporain qu'à la mode ou au design sont organisées dans ce nouvel espace, situé dans l'aile sud de Somerset House. Après la visite, allez prendre un verre sur la terrasse dominant la Tamise. • **Tous les jours de 10h à 18h (dernière entrée à 17h30), jeudi jusqu'à 21h (dernière entrée à 20h30)** • **Somerset House, The Strand, WC2** 🚇 **Covent Garden ou Temple**

Benjamin Franklin House (D4) L'inventeur et diplomate américain vécut dans cette maison pendant seize ans, jusqu'à ce que la guerre d'Indépendance le rappelle aux Etats-Unis en 1775. Elle a conservé son décor d'époque et abrite aujourd'hui un musée consacré à la vie de son fameux locataire et à son temps. • **Historical Experience tours: mercredi à dimanche à midi, 13h, 14h, 15h15 et 16h15** • **Craven Street WC2** 🚇 **Embankment ou Charing Cross**

EN BALADE: WEST END

Suivez **Leicester Place**, qui quitte le square par l'angle nord-est. Sur la droite, voici **Notre-Dame de France**, avec ses fresques de Jean Cocteau. Tournez à gauche dans Lisle Street puis tout de suite à droite dans **Wardour Street**. L'industrie du film et de la télévision britannique s'y est installée, tandis que le N° 90 abrita le légendaire club Marquee et vit se dérouler les tout premiers concerts de rock de Jimi Hendrix et des Pink Floyd.

Sur la droite de Wardour Street, voici **Gerrard Street**. Les immenses portails orientaux rouges, aux deux bouts de la rue, les cabines téléphoniques en forme de pagode et l'abondance de restaurants chinois indiquent bien qu'on se trouve au centre du **Chinatown** de Londres. Poursuivez sur Wardour Street, traversez **Shaftesbury Avenue** – qui compte pas moins de six magnifiques théâtres de l'époque victorienne – et plongez dans le dédale de ruelles étroites au cœur de Soho. **Old Compton Street**, à droite de Wardour Street, caractérise bien l'esprit du quartier. Bourrée de boutiques chic, de clubs branchés, de bars gay et de cafés et restaurants à la mode, elle déborde de vie jusque tard dans la nuit.

Old Compton Street croise certaines des artères les plus animées de Soho. Faites un détour par **Dean Street**: Karl Marx vécut au N° 28 et Mozart alors âgé de 7 ans donna un concert au N° 21; buvez un verre au French House. C'est dans ce pub que le général de Gaulle et ses collègues de la France Libre se réunissaient durant la dernière guerre; le poète Dylan Thomas y consomma des quantités d'alcool astronomiques. Un bloc plus loin, prenez **Frith Street**. Mozart résida au N° 18 et John Logie Baird, l'inventeur de la télévision, au N° 22, où il donna une première démonstration publique dans sa chambre sous les toits, en 1924. Au rez-de-chaussée se trouve le légendaire **Bar Italia**, ouvert 24h sur 24 (sauf le dimanche), qui attire une faune locale très diverse. Tout aussi célèbre dans Soho, le club de jazz de Ronnie Scott occupe le N° 47.

Depuis Frith Street, poursuivez vers le nord à travers **Soho Square** ombragé d'arbres jusqu'à Oxford Street. La station de métro de Tottenham Court Road est un peu plus loin sur la droite.

WEST END

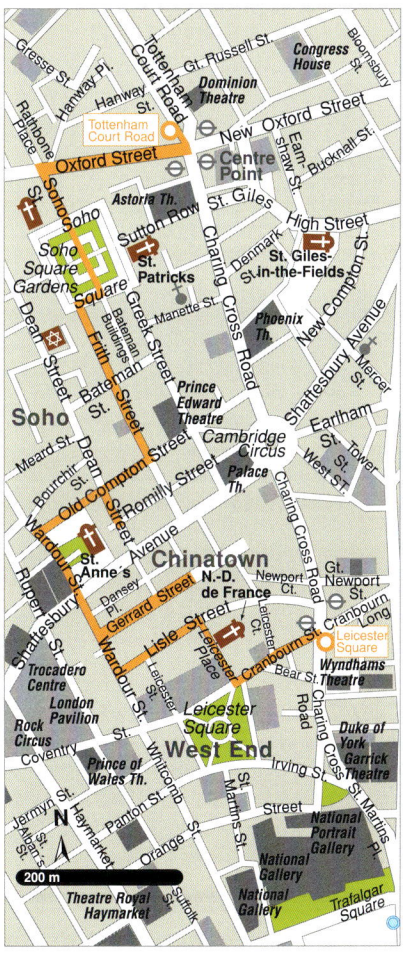

SOHO

Leicester Square fut l'une des adresses les plus exclusives de Londres jusqu'au XIXe siècle, lorsqu'elle devint aussi turbulente, bohème et délabrée que le reste de Soho, ce qui fit fuir les riches. C'est aujourd'hui un lieu de rencontre très fréquenté par les touristes situé au cœur du quartier des théâtres, où vous pouvez acheter des billets à moitié prix pour les représentations du jour.

Départ:
- Leicester Square

Arrivée:
- Tottenham Court Road

LE LONDRES DES ENFANTS

Heureusement, il y a plein de distractions pour les jeunes visiteurs de la capitale, des musées imaginatifs aux parcs à thèmes.

Magie des animaux

Les enfants adorent se balader dans la zone des singes du **London Zoo** de Regent's Park, et le moment des repas est toujours un de leurs favoris: pour savoir quels animaux sont nourris à quelle heure, téléphonez au zoo avant de venir (020 7722 33 33).

Distractions studieuses

Question high-tech et amusement interactif, le **Science Museum** (South Kensington) est imbattable. Les vitrines expliquant l'électricité ou la médecine en passant par les voitures et les avions sont une manière merveilleuse d'ouvrir les enfants aux plaisirs de la science. Le **Natural History Museum** voisin, bourré de squelettes de dinosaures, comporte une zone Creepy Crawlies consacrée aux insectes (phobiques s'abstenir) et permet aux enfants d'expérimenter un tremblement de terre dans sa section Earth Galleries.

A la **Tate Modern**, le gigantesque espace de la salle des turbines de l'ancienne usine électrique de Bankside leur coupera le souffle. Et de nombreuses œuvres exposées sont excentriques, bizarres ou franchement dingues. Le musée propose

aussi des «pistes» artistiques, encourageant les enfants à parcourir les salles d'exposition et à concevoir leur propre version de certains styles et œuvres, à l'aide de matériel fourni par la Tate Modern.

Le côté sombre
Le passé sévère et parfois macabre de Londres procure aux enfants plein d'occasions de se délecter d'histoires d'horreur. Le **London Dungeon**, situé dans les arches du London Bridge, et le **Clink Prison Museum**, à l'emplacement des geôles originelles de la «Clink» de Bankside mettent l'accent sur les aspects les plus sanglants de la Londres médiévale. Mais l'endroit le plus célèbre pour se plonger dans la trahison et la torture est la **Tower of London**, où des Yeomen Warders en manteau rouge appelés Beefeaters vous entraînent à la découverte du château et vous expliquent en détail ce qui arrivait aux malheureux qui entraient par la porte baptisée Traitor's Gate.

Aventure sur la rive sud
Les raies, requins, méduses et autres piranhas de l'excellent **London Aquarium**, sur la rive sud de la Tamise, sont assez effrayants, surtout vus de près à travers une immense paroi de verre allant du sol au plafond. A quelques pas de là, le **London Eye** est à l'heure actuelle la grande roue la plus haute d'Europe. La vue sur la capitale est inoubliable.

Joies du plein air
Hyde Park offre l'espace rêvé pour courir et se dépenser. C'est dans les **Kensington Gardens** voisins que J.M. Barrie conçut pour la première fois l'histoire de *Peter Pan*, et un superbe bronze du garçon qui ne grandit jamais se dresse au bord de la Serpentine. A l'extrémité des Kensington Gardens côté Notting Hill, la place de jeux du **Diana, Princess of Wales Memorial Playground** comporte un bateau pirate style Capitaine Crochet.

En dehors du centre
Le **Chessington World of Adventures**, dans la banlieue sud de Londres, est un parc à thèmes qui propose des attractions destinées aux familles avec de jeunes enfants, 90% des manèges étant conçus pour les moins de 12 ans. Pour vous y rendre: train jusqu'à Chessington South, puis bus 71.

WESTMINSTER

Depuis qu'Edouard le Confesseur décida de bâtir son palais et son église abbatiale de l'ouest *(west minster)* à cet endroit il y a près de mille ans, le quartier a conservé les rênes du pouvoir. Le Premier ministre installé au 10 Downing Street est le voisin de la famille royale, en son palais londonien de Buckingham. Simultanément, les rouages du gouvernement tournent dans les immenses bâtiments de Whitehall et les Houses of Parliament. Si tout cela peut paraître un peu pompeux, l'ambiance est allégée par la présence de galeries d'art, la beauté architecturale et la proximité des plaisirs divers de Hyde Park et du Chelsea Flower Show.

LES ADRESSES DU QUARTIER

VISITES

Architecture
St Martin-in-the-Fields 39
Banqueting House★ ..41
Houses of Parliament★ 42
Westminster Abbey★ 42
St James's Palace 43
Clarence House 45
Buckingham Palace★ 46
Wellington Arch 47

Art
National Gallery★ 40
National Portrait Gallery★ 40
Tate Britain..............43
Saatchi Gallery.........53

Atmosphère
Trafalgar Square★ 39
Whitehall 40
10 Downing Street...41
Notting Hill..............51
King's Road 52

Lèche-vitrine
Knightsbridge 51
Harrods 51

Musées
Churchill Museum, Cabinet War Rooms ..42
Spencer House.........45
Wellington Museum..46
Kensington Palace....50
V&A★ 51
Science Museum★ ...52
Natural History Museum★ 52
Chelsea Royal Hospital 53

Un bol d'air
St James's Park 43
Hyde Park★ 50
Kensington Gardens 50
Chelsea Physic Garden....................53
Battersea Park 53

BALADE 54

À TABLE 90

Modèles réduits de voiliers régatant sur le lac Serpentine dans Hyde Park.

Trafalgar Square (D4) Dominant Whitehall s'étend la plus grande place de Londres, célèbre par sa statue de Lord Nelson, indifférent au trafic, qui la domine du haut de sa colonne de 51 m de haut. L'amiral fut tué lors de la bataille navale de Trafalgar (1805), qui vit la défaite de l'escadre franco-espagnole. Les frises à la base de la colonne furent faites à partir de canons français fondus; les puissants lions qui la gardent sont l'œuvre de Sir Edward Landseer. Meetings politiques et manifestations ont traditionnellement lieu à cet endroit. Pour Noël, un énorme sapin offert par la Norvège trône au milieu de la place, illuminé de blanc, et des chœurs y chantent chaque nuit. A l'occasion du Nouvel-An, les Londoniens aiment se rassembler autour de la fontaine, au centre de la place – la foule est alors si dense que l'on pourrait croire que toute la ville s'y est donné rendez-vous. ⊖ **Leicester Square ou Charing Cross**

St Martin-in-the-Fields (D4) L'élégante flèche de cette église en forme de temple antique surplombe Trafalgar Square, dépassant légèrement la colonne de Nelson. Conçue par James Gibbs et achevée en 1726, l'église est le refuge traditionnel des sans-abri. • **Fermé le dimanche, sauf pendant les offices. Concerts gratuits les lundis, mardis, vendredis à 13h** • Trafalgar Square, WC2 ↔ Leicester Square ou Charing Cross

National Gallery (D4) Les œuvres des plus grands artistes européens sont exposées dans des salles thématiques de ce vaste bâtiment néo-classique dominant la place. La *Vierge aux Rochers* de Léonard de Vinci, *Les Ambassadeurs* de Holbein, des autoportraits de Rembrandt jeune et vieux, *Pluie, vapeur et vitesse* de Turner – voici quelques-uns des innombrables chefs-d'œuvre à admirer dans ce musée, parmi les Vermeer, les Vélasquez et les Van Gogh. La très utile Micro Gallery est un catalogue sur ordinateur; cliquez sur les œuvres que vous souhaitez voir, et il vous imprimera une carte avec leur localisation. • **Tous les jours de 10h à 18h (vendredi jusqu'à 21h)** • Trafalgar Square, WC2 ↔ Leicester Square ou Charing Cross

National Portrait Gallery (D4) Fondée en 1856, cette galerie, qui compte plus de 1000 portraits – tableaux, bustes ou photographies – de Britanniques illustres, hommes ou femmes, du Moyen Age à nos jours, se trouve derrière la National Gallery; elle possède ce qui semble être le seul portait authentique de Shakespeare, des portraits des sœurs Brontë par leur frère Branwell, d'Henri VIII, de Diana, de Madame Thatcher, de Paul McCartney, parmi tant d'autres. La Balcony Gallery, qui surplombe la magnifique entrée principale, expose les acquisitions plus récentes de la NPG; un restaurant occupe le toit. • **Samedi à mercredi de 10h à 18h, jeudi et vendredi jusqu'à 21h** • St Martin's Place, WC2 ↔ Leicester Square ou Charing Cross

Whitehall (D4–5) Courant entre Trafalgar Square et Parliament Square, cette large avenue est le symbole de la bureaucratie officielle. Le Civil Service y gérait les affaires du vaste Empire britannique au XIXe siècle, mais son rôle dominant dans un Etat qui délègue toujours plus est désormais menacé. Du côté droit de la rue en descendant Whitehall, la Household Cavalry monte la garde devant le bâtiment des Horse Guards – la relève de la Garde a lieu tous les jours à 11h. Plus loin se dresse le Cenotaph («tombeau vide»), mémorial conçu par Edward Lutyens pour honorer les victimes de la Première et de la Seconde Guerre mondiale; les cérémonies de l'armistice de 1918 s'y déroulent. ⊖ Charing Cross ou Westminster

Banqueting House (D5) Jusqu'en 1698, date où il fut anéanti par les flammes, le côté gauche (Tamise) de Whitehall abritait le vaste Whitehall Palace, la résidence londonienne des souverains Tudor et Stuart. Le palais avait été élevé par le cardinal Wolsey, qui, n'ayant pas réussi à obtenir le divorce de Henri VIII auprès du pape, fut chassé par le souverain qui s'appropria sa résidence. Il n'en subsiste que la Banqueting House, l'un des plus grands trésors architecturaux de la ville. Bâti entre 1619 et 1622 par l'architecte Inigo Jones comme annexe au palais, ce fut le premier édifice de style palladien d'Angleterre. La grande salle vit de somptueuses cérémonies. Son plafond est décoré de neuf grands tableaux commandés par Charles Ier à Rubens. Ces toiles devaient glorifier la dynastie des Stuarts; ironie de l'histoire, c'est de là que le roi Charles Ier sera conduit à l'échafaud en 1649. Une maquette du grandiose Whitehall Palace est exposée au Museum of London. • Lundi à samedi de 10h à 17h (dernière entrée à 16h30) • Whitehall, SW1 ⊖ Charing Cross ou Westminster

10 Downing Street (D5) Située dans une petite rue du côté droit de Whitehall, c'est la résidence officielle du Premier ministre depuis 1732, année où Georges III offrit le numéro 10 à Sir Robert Walpole. C'est Margaret Thatcher qui détient le record d'occupation des lieux pour le XXe siècle. Elle fut également à l'origine de l'édification des grilles destinées à tenir le public à distance. • Downing Street, SW1 ⊖ Westminster

CHARING CROSS

A la jonction du Strand et de Whitehall, Charing était jadis un petit hameau dont le nom venait du vieil anglais et signifiait «tourner» – c'est là que la route pour Bath bifurquait pour suivre la rivière. La croix (Cross) fut ajoutée plus tard, après que l'endroit eut été la dernière étape du cortège funèbre de la reine Eléonore, femme d'Edouard Ier, avant d'arriver à Westminster Abbey en 1290. Le roi fit ériger des croix à chacune des 12 étapes du cortège. La croix de Charing se dressait d'abord à l'endroit occupé aujourd'hui par la statue de Charles Ier, mais fut détruite par le Parlement défiant la royauté en 1647. Une copie datant de 1863 est visible sur le parvis de Charing Cross Station.

Churchill Museum and Cabinet War Rooms (D5) Situés dans une rue adjacente à Downing Street, les sous-sols d'où officiaient Churchill et son Cabinet de guerre pendant la Seconde Guerre mondiale sont restés dans l'état exact où ils étaient lorsque le grand homme se lançait dans l'un de ses fameux discours moralisateurs. • Tous les jours de 9h30 à 18h • Clive Steps, King Charles Street, SW1 ⊖ Westminster

Houses of Parliament (D5) Le stupéfiant édifice néo-gothique victorien de Charles Barry domine Parliament Square au bas de Whitehall. Edouard le Confesseur fit édifier le premier palais de Westminster à cet endroit en 1049 et y déplaça la Cour jusqu'alors située à la City. A sa mort, Guillaume le Conquérant s'y installa. Ce fut la résidence principale des rois anglais pendant quatre siècles, avant qu'Henri VIII n'emménage à Whitehall. Westminster n'en resta pas moins le centre administratif du royaume. La Chambre des Lords et la Chambre des Communes y siègent aujourd'hui. La reine ouvre tous les ans la session de la Chambre des Lords en prononçant le discours du Trône; aucun souverain n'est admis à la Chambre des Communes. Westminster Hall (Grande Salle, 1099) est le plus ancien vestige du palais, le reste ayant brûlé ou ayant été reconstruit. Pour entrer dans la galerie des visiteurs à la Chambre des Communes, pendant les sessions, faites la queue à la porte St Stephen. Ce sont les séances de questions au Premier ministre qui attirent la plus grande foule. • House of Commons: Strangers' Gallery ouverte au public durant les sessions: lundi et mardi de 14h30 jusqu'en fin de séance; mercredi de 11h30 jusqu'en fin de séance; jeudi de 10h30 jusqu'en fin de séance, vendredi de 9h30 à 15h. Prime Minister's Question Time: mercredi de midi à 12h30. Pour assister à cette dernière ou à d'autres sessions, faites la queue devant Cromwell Green Entrance. Informations ☎ 7219 30 00 • Parliament Square, SW1 ⊖ Westminster

Westminster Abbey (D5) En face du Parlement, ce joyau de l'architecture gothique anglaise sert de cadre aux grands événements – couronnements (depuis celui de Guillaume le Conquérant en 1066), funérailles princières et d'hommes d'Etat, mariages princiers. Tous les souverains ont été couronnés sur le Trône du Couronnement, une cathèdre gothique en bois, dans la chapelle d'Edouard le Confesseur. L'abbaye sert aussi de nécropole à de nombreux souverains et autres célébrités, notamment dans le Coin des Poètes. Le mausolée de Haendel le montre tenant la partition du *Messie*. La tombe d'Edouard le Confesseur se dresse au cœur de l'abbaye. Les voûtes compartimentées à pendentifs de la chapelle Henri VII créent un bel écrin aux tombes Renaissance du roi Henri et de sa mère, lady Marguerite Beaufort. A leurs côtés reposent la reine Elisabeth Ire et sa demi-sœur Mary Tudor. • **Lundi, mardi, jeudi et vendredi de 9h30 à 16h30 (dernière entrée à 15h30), mercredi jusqu'à 19h (dernière entrée à 18h), samedi jusqu'à 14h30 (dernière entrée à 13h30). Informations:** ☎ 7222 21 52 • Parliament Square, SW1 ⊖ Westminster ou St James's Park

Tate Britain (Hors plan, dir. D6) Un léger détour vers le sud le long de la Tamise vous amènera à ce beau musée fondé à la fin du XIXe siècle par le magnat du sucre, Sir Henry Tate. Les collections de la Tate Gallery ont été réparties entre deux galeries. La Tate Britain (anciennement appelée Tate Gallery) à l'emplacement originel, présente les plus grands peintres et sculpteurs britanniques du XVIe siècle à nos jours, notamment William Blake, Thomas Gainsborough, William Hogarth, Turner, Constable et Francis Bacon. Elle est reliée à la Tate Modern – sa sœur jumelle ouverte sur la rive sud (South Bank) – par un bus navette et un service de bateau, ainsi que par une piste cyclable et un chemin pédestre. • **Tous les jours de 10h à 17h50** • Millbank, SW1 ⊖ Pimlico

St James's Park (D5) Revenez sur vos pas jusqu'à Parliament Square et suivez Great George Street pour atteindre le plus ancien et le plus beau des parcs royaux. A l'origine, il s'agissait d'un marais où des femmes lépreuses d'un hospice voisin gardaient des porcs; il fut d'abord asséché par Henri VIII, qui venait notamment y disputer des parties de bowling et y chasser. Les jardins auraient été par la suite dessinés par André Le Nôtre, le paysagiste de Versailles, sur l'ordre de Charles II. L'île sur le lac (Duck Island) abrite des oiseaux aquatiques ou migrateurs, dont des pélicans – ne manquez pas d'assister à leur repas, tous les jours à 14h30. ⊖ Green Park ou St James's Park

St James's Palace (C5) Ce palais en briques rouges bâti par Henri VIII resta pendant trois cents ans la résidence principale des souverains anglais. Certains membres de la famille royale y occupent des appartements (jusqu'à son déménagement à Clarence House en 2003, le prince Charles y résida également). Le

palais est relié par un passage souterrain au banc royal de la chapelle de la Reine, construite par Inigo Jones; l'office du dimanche y est public, de même qu'à la chapelle royale dans l'enceinte du palais. La garde descendante quitte St James's Palace tous les jours (tous les deux jours d'août à mars) à 11h10 et remonte le Mall vers Buckingham Palace, pour la relève de la Garde. • **Pall Mall, SW1** ⊖ **Green Park**

Clarence House (C5) Située derrière St James's Palace, l'ancienne résidence de Queen Mum – qui l'occupa de 1953 jusqu'à sa mort en 2002 – appartient désormais au prince Charles. Celui-ci fit restaurer de fond en comble ce bâtiment néo-classique (XIXe) dû à John Nash et aménager aux étages supérieurs des appartements privés pour lui-même, ses fils et sa femme, Camilla. • **Ouverte au public pour des visites guidées en août uniquement. Informations** ☎ **7766 73 03** • **The Mall, SW1** ⊖ **Green Park**

Spencer House (C4) Situé à l'angle de Green Park, ce ravissant palais de style palladien fut construit au milieu du XVIIIe siècle par l'ancêtre de la princesse Diana, le premier comte Spencer. Il fut loué en 1985 à l'une des sociétés Rothschild, qui le restaura avec soin pour en faire un musée – neuf grandes salles remplies d'antiquités – et une galerie d'art ouverts au public. • **Dimanche de 10h30 à 17h45 (dernière admission à 16h45). Visites guidées uniquement. Les horaires varient (fermé en janvier et août), renseignements:** ☎ **7499 86 20. Les enfants de moins de 10 ans ne sont pas admis** • **27 St James's Place, SW1** ⊖ **Green Park**

◀ *Nul besoin d'aller loin pour échapper à l'agitation de la ville et au trafic.*

Buckingham Palace (C5) George III devait trouver le palais de Saint-James un peu poussiéreux et étriqué puisqu'il demanda au duc de Buckingham de lui vendre la superbe demeure qu'il avait fait bâtir non loin de là, de l'autre côté de Green Park. Son fils, George IV, qui avait la folie des grandeurs, engagea John Nash pour en faire un somptueux palais. Les travaux n'étaient pas encore terminés à sa mort, et la reine Victoria fut la première à occuper les luxueux appartements. Nash avait dessiné un palais en U, l'entrée dans la cour d'honneur se faisant sous une arche en marbre. En 1851, une quatrième aile fut ajoutée au palais, et Marble Arch fut déplacée en haut de Park Lane. Des 600 pièces de «Buck House», la reine et son époux n'en occupent qu'une douzaine, en haut de l'aile nord qui donne sur Green Park. D'autres membres de la famille royale logent aussi à Buckingham, mais le palais rassemble surtout salons d'apparat, bureaux du personnel et appartements des domestiques. On peut visiter dix-huit des appartements d'honneur, y compris la salle du Trône et la salle à manger d'apparat; les sommes ainsi récoltées ont été affectées à la réparation du château de Windsor, endommagé par les flammes. A voir aussi, les chevaux de la reine et les carrosses d'apparat dans les Ecuries royales (C6). La Queen's Gallery présente une sélection d'objets tirés de la collection privée de la reine. Les œuvres présentées varient d'une exposition à l'autre. Ne manquez pas la relève de la Garde devant le palais – à 11h30 tous les jours en été (si le temps est favorable). La garde descendante quitte Saint James's Palace et remonte le Mall vers Buckingham Palace, la garde montante arrive des Wellington Barracks via Birdcage Walk. • Salons d'apparat: août et septembre, tous les jours de 9h45 à 18h (dernière entrée à 15h 45). Informations: ☎ 7766 73 00. Ecuries royales: mars à juillet et octobre, tous les jours de 11h à 16h (dernière entrée à 15h15); août et septembre, tous les jours de 10h à 17h (dernière entrée à 16h15). Queen's Gallery: tous les jours de 10h à 17h30; août et septembre de 9h30 à 17h30 (dernière entrée à 16h30). Informations sur les expositions: ☎ 7766 73 01 • St James's Park, SW1 ⊖ Green Park

Wellington Museum (Apsley House) (B5) Au sommet de Constitution Hill, qui longe le nord de Buckingham Palace jusqu'à Hyde Park Corner, se trouve l'hôtel particulier du premier duc de Wellington, appelée jadis simplement «N°1, London», car c'était la première maison devant laquelle on passait en arrivant dans la capitale. Elle fut construite par Robert Adams en 1778 pour le

Coiffeur de la royauté sur Curzon Street: le rituel du rasage dans une boutique toute en bois.

baron Apsley, puis agrandie pour le duc de Wellington, plus connu sous le nom de duc de Fer. Celui-ci avait en effet fait installer des volets de fer aux fenêtres après que des émeutiers en eurent cassé les vitres. La demeure renferme une remarquable collection de peintures: œuvres de Rubens, Vélasquez, Breughel, Van Dyck, Goya parmi beaucoup d'autres. Vous pourrez voir également le vase de Waterloo, offert au duc à l'occasion de sa victoire. Dans l'une des pièces, des miroirs coulissants s'ouvrent pour révéler une vue splendide sur Hyde Park.
• Avril à octobre: mercredi à dimanche de 11h à 17h; novembre à mars: de 11h à 16h • 149 Piccadilly, W1 ⊖ Hyde Park Corner

Wellington Arch (B5) Conçue par Decimus Burton, cette arche de style corinthien date de 1828 et commémore le triomphe du duc de Fer sur Napoléon. Surmontée d'une statue de Wellington, elle se dressait à l'origine au sommet de Constitution Hill et formait le portail nord de Buckingham Palace. Elle fut déplacée à Hyde Park Corner en 1882 et perdit sa statue. En 1912, elle reçut le

SHOPPING LONDONIEN

Paradis du shopping, Londres est à la pointe des tendances. Les meilleurs grands magasins de la capitale se trouvent sur Oxford St et dans le quartier chic de Knightsbridge. Les amateurs de boutiques de mode plus pointues gagneront Old Bond St, New Bond St ou Sloane St, à hauteur de Sloane Square: montée d'adrénaline et explosion du budget assurées! Des boutiques de vêtements originales se regroupent autour de Covent Garden; Carnaby St, centre branché du Swinging London des années 1960, connaît un nouvel essor, attirant des commerces cool et insolites. Si vous êtes attiré par le style tailleur classique anglais, Jermyn St et Savile Row, près de Picadilly, sont synonymes de sophistication et de classe. Les joailliers de New Bond St et autour de Hatton Garden proposent un choix magnifique de bijoux haut de gamme. Si vous préférez flâner dans les librairies, les commerces de Charing Cross Road vous retiendront durant des jours. L'électronique la meilleur marché s'obtient sur Tottenham Court Road et pour la musique hors des sentiers battus, voyez Soho.

Grands magasins

Harrods de Knightsbridge est sans conteste LE grand magasin de luxe, où la tradition est respectée et le service impeccable. Son voisin **Harvey Nichols** est une sorte de grande surface de mode, vendant cosmétiques, vêtements, sacs et chaussures haut de gamme et très populaire auprès des gens aisés ou qui veulent le paraître. De l'autre côté de Hyde Park, Oxford St abrite les fidèles du genre: **Mark's and Spencer** se dresse au N° 458, près de Marble Arch, avec un choix de vêtements, alimentation, mobilier et naturellement les sous-vêtements recherchés qui font leur réputation. Plus loin, au N° 400, **Selfridge's** propose une vaste collection d'accessoires de mode haut de gamme, vêtements de créateurs, lingerie et parfums sur trois étages. **John Lewis**, 278–306 Oxford St, est connu pour ses superbes articles de décoration intérieure.

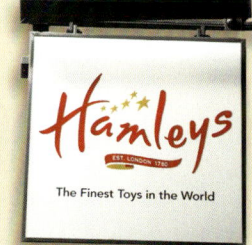

Mode
Les vêtements de créateurs branchés comme **Ozwald Boateng** (30 Savile Row, Mayfair), **Katharine Hamnett** (20 Sloane St, SW1) et **Nicole Farhi** (158 New Bond St, W1) sont à la pointe de l'innovation créative. Des boutiques telles **Koh Samui** à Covent Garden ou **Browns** sur South Molton Street offrent quant à elles un époustouflant éventail de marques de designers du monde entier.

Boutiques spécialisées
Foyles, vénérable librairie de dimension impressionnante, se trouve sur Charing Cross Road, **Asprey**, joaillier de l'élite, sur New Bond St; **Hamleys**, sur Regent St, se proclame le plus grand magasin de jouets de la planète, et **Fortnum & Mason**, sur Picadilly, est idéal pour acheter des thés chic et autre alimentation raffinée. Mais la spécialisation peut être très poussée: voyez **Anya Hindmarch**, Pont St SW1, pour les sacs de luxe ou **Rigby & Peller**, fournisseurs de soutiens-gorges agréés par la Couronne.

quadrige d'Adrian Jones – un char tiré par quatre chevaux conduit par un petit garçon et portant le symbole ailé de la paix. L'arche abrita un temps le plus petit poste de police londonien. En 1999, elle fut reprise par les Monuments historiques, restaurée et adaptée pour permettre l'accès du public (plate-formes d'observation et espaces d'exposition intérieurs). • **Avril à octobre: mercredi à dimanche de 10h à 17h; novembre à mars: mercredi à dimanche de 10h à 16h** ☎ 7930 27 26 • Hyde Park Corner ⊖ Hyde Park Corner

Hyde Park (A–B4–5) A la Réformation, Henri VIII confisqua aux moines de l'abbaye de Westminster cet immense parc, dont il fit sa réserve de chasse. Aujourd'hui, on y canote ou nage dans le lac (appelé la Serpentine), parcourt à cheval l'allée Rotten Row ou joue tout simplement au ballon. Le dimanche, des orateurs sérieux ou farfelus, défenseurs de toutes les causes imaginables, viennent haranguer les foules au Speaker's Corner, non loin de Marble Arch. ⊖ Marble Arch, Hyde Park Corner ou Knightsbridge

Kensington Gardens (plan 4, A5) A l'ouest de la Serpentine, ces jardins entourant le palais de Kensington furent aménagés à l'origine par Guillaume III. Ravissant jardin en contrebas (Sunken Garden), bassins avec nénuphars et plate-bandes. Au-delà, les jardins se fondent dans Hyde Park, avec le Round Pond (utilisé le week-end par l'association des modélistes marins), les fontaines du jardin italien et l'Albert Memorial somptueusement décoré. La Serpentine Art Gallery présente des œuvres d'art moderne d'avant-garde. ⊖ High Street Kensington

Kensington Palace Situé à l'angle occidental des Kensington Gardens, cette magnifique demeure fut transformée en palais par Guillaume III, qui s'entoura d'architectes tels que Christopher Wren et Nicholas Hawksmoor. La dernière résidence de la princesse Diana subit actuellement une importante rénovation qui devrait durer jusqu'en janvier 2012; d'ici là, on peut y voir l'exposition The Enchanted Palace, dédiée aux sept princesses qui habitèrent le palais, de Marie II à Diana. Vous y découvrirez des installations élaborées par des créateurs de mode britanniques actuels en collaboration avec la compagnie de théâtre Wildworks, le tout combiné avec la collection de robes de cérémonie royales. • **Mars à septembre de 10h à 18h (dernière entrée à 17h); octobre à fevrier de 10h à 17h** • Kensington Gardens, W8 ⊖ Queensway ou High Street Kensington

Notting Hill Juste au nord-ouest du palais, le quartier de Notting Hill, résolument branché, accueille les Londoniens fous de style et possède bars et restaurants qui leur vont comme un gant. On y trouve aussi l'un des plus longs et des plus célèbres marchés de rues du pays: Portobello Road, qui existe depuis le XVIIIe siècle. De nos jours, on y trouve absolument tout et n'importe quoi le vendredi, tandis que le samedi rime avec antiquités. Des boutiques d'antiquaires se pressent d'ailleurs alentour et ouvrent toute la semaine. Le dernier dimanche et le dernier lundi d'août, tout le quartier se déchaîne à l'occasion du fameux carnaval de Notting Hill, exubérante célébration emmenée par la population antillaise de Londres. Avec ses cortèges, ses orchestres jouant à tous les coins de rue, ses stands de nourriture créole et son million de visiteurs, c'est la plus vaste «party» de rue d'Europe. ⊖ Notting Hill

Knightsbridge (B5) Tout fanatique du shopping se doit de parcourir le quartier commerçant le plus «classe» de Londres. Situé au sud de Hyde Park, Knightsbridge se targue d'abriter tous les grands noms de la mode internationale, des restaurants haut de gamme et, sur Brompton Road, les grands magasins Harrods, certainement les plus chic du monde. ⊖ Knightsbridge

Harrods (A6) Ses 1300 rayons sur cinq étages couvrent environ un hectare. Vous y trouverez absolument tout ce dont vous pouvez rêver. Ne manquez pas les fabuleux rayons d'alimentation. • Lundi à samedi de 10h à 20h, dimanche de midi à 18h • Brompton Road, SW1 ⊖ Knightsbridge

Victoria and Albert Museum (V&A) (A6) Ce Musée des Arts décoratifs, à la vaste façade néo-gothique, est une création du prince Albert; ce dernier souhaitait ainsi prolonger la Grande Exposition de 1851. Maisons de poupées, collections de vêtements, céramiques, mobilier, bijoux et la plus grande collection d'art indien en dehors de l'Inde y trouvent leur place. Dix nouvelles galeries exposent 1800 magnifiques objets du Moyen Age et de la Renaissance. Elles sont disposées autour d'une cour au toit en verre, dans laquelle on trouve une fontaine et diverses sculptures. Les pièces exposées vont notamment de la façade d'une maison à colombages qui survécut au Grand Incendie de Londres à un petit carnet rempli de l'écriture en miroir de Léonard de Vinci. La fabuleuse Glass Gallery rénovée présente plus de 6000 pièces retraçant quatre mille ans d'art du verre. Le musée abrite désormais également les collections du Theatre Museum – qui explore la scène britannique – et de la Gilbert Collection – argenterie européenne, tabatières en or et mosaïques italiennes (XVIe–XIXe siècle). • **Tous les jours de 10h à 17h45, vendredi jusqu'à 22h (seules certaines galeries sont ouvertes le soir). Entrée libre** • Cromwell Road, SW7 ⊖ South Kensington

Science Museum (A6) En face du V&A se trouvent deux autres grands musées dont les racines plongent dans l'âge d'or victorien. Le Musée des Sciences et de l'Industrie est l'un des musées londoniens les plus populaires, rempli de vieilles machines et d'expositions interactives. Des événements historiques tels que l'invention du sac plastique y sont relatés. On trouve une réplique en taille réelle de la capsule Apollo 11, ainsi qu'un cinéma IMAX. Parmi les curiosités des salles consacrées à l'histoire de la médecine figurent la brosse à dents de Napoléon et les mocassins de Florence Nightingale. • **Tous les jours de 10h à 18h. Entrée libre** • Exhibition Road, SW7 ⊖ South Kensington

Natural History Museum (A6) A côté se dresse cette vénérable institution, qui ouvrit en 1881 et reflète le rapide impact des théories de Darwin sur l'esprit victorien. Vous y découvrirez de nombreux dinosaures, ainsi que des départements d'écologie, de géologie et de biologie. Jeux sur ordinateur, vidéos, expositions interactives et simulateur de tremblement de terre véhiculent le message didactique. Tout le monde a entendu parler du dodo, mais à quoi ressemble cet oiseau disparu? – réponse dans la Galerie des Oiseaux. Le musée abrite également un nouveau restaurant élégant. Des jouets éducatifs de qualité sont en vente à la boutique. • **Tous les jours de 10h à 17h50. Entrée libre** • Cromwell Road, SW7 ⊖ South Kensington

King's Road (plan 4, A8–B7) L'artère principale du célèbre Chelsea s'étire au sud du quartier des musées. Le roi auquel elle fait allusion est Charles II; c'est sous son règne qu'elle devint une adresse à la mode pour le beau monde londonien. Elle a joliment conservé son statut; au XIXe siècle, les résidents incluaient des artistes et des écrivains tels que Turner, Rossetti, Henry James et Oscar Wilde. Ce fut plus tard le centre glamour des fameuses années 1960, les Swinging Sixties; elle parvint même à conserver sa cote durant la mode punk des années 1970, lorsque Vivienne Westwood et Malcolm McLaren ouvrirent leur célèbre boutique, Sex, au n° 430. Baladez-vous aujourd'hui encore dans le coin pour vous faire une idée de ce que les Londoniens les plus branchés ont dans la tête. ⊖ Sloane Square ou South Kensington

Saatchi Gallery (plan 4, B7) La collection controversée d'artistes britanniques «sauvages» (parmi lesquels on retrouve Damien Hirst et Tracey Emin) est installée dans de nouveaux locaux à Chelsea. • Tous les jours de 10h à 18h ☎ 7823 23 63 • Duke of York's H.Q., King's Road, SW3 ⊖ Sloane Square

Chelsea Royal Hospital (plan 4, B8) Quittez King's Road à la hauteur de Smith Street pour atteindre Royal Hospital Road. Charles II fonda cette institution pour les vétérans de l'armée de terre, qui y sont toujours logés, nourris et soignés. L'élégant bâtiment, dessiné par Christopher Wren, comporte aussi un musée, une chapelle et des jardins où se tient chaque année, en mai, le célèbre Chelsea Flower Show. • Chapelle et Grand Hall: lundi à samedi de 10h à midi et 14h à 16h, dimanche dès 14h. Renseignez-vous avant, les changements sont fréquents: ☎ 7881 53 03 • Royal Hospital Road, SW3 ⊖ Sloane Square ou South Kensington

Chelsea Physic Garden (plan 4, B8) Plus loin vers les quais, ce charmant jardin à la profusion de fleurs colorées et odorantes fut fondé en 1673 et conçu à l'origine comme terrain de recherche sur les vertus médicinales des plantes. Il raconte l'histoire fascinante des plantes et cultures et leur influence sur la vie moderne. • Avril à octobre: mercredi, jeudi et vendredi de midi à 17h, dimanche de midi à 18h; pendant le Chelsea Flower Show, tous les jours de midi à 22h; août et septembre, nocturne le mercredi jusqu'à 22h • Swan Walk, SW3 ⊖ Sloane Square ou South Kensington

Battersea Park (plan 4, B8) Depuis Chelsea Embankment, on peut traverser la rivière sur le pont Albert pour gagner ce parc créé à l'époque victorienne pour donner de l'oxygène aux quartiers pauvres et surpeuplés. Pièce d'eau, réserve de papillons, enclos à daims, zoo, parterres, équipements sportifs. La Pagode de la Paix fut offerte par les Japonais en souvenir du cataclysme d'Hiroshima en 1945. • Tous les jours de 8h au crépuscule • Albert Bridge Road, SW11; bus N° 137 depuis Hyde Park Corner ou train de Victoria à Battersea Park

EN BALADE: WESTMINSTER

Le quartier chic de Knightsbridge est connu dans le monde entier pour abriter **Harrods**, un grand magasin d'un luxe extravagant situé sur Brompton Road. Incontournable, ne serait-ce que pour admirer son somptueux Food Hall Art déco. Les amateurs d'architecture moderniste feront un détour par Hans Crescent, à côté de Harrods, et par Sloane Street jusqu'à l'**ambassade du Danemark**, au N° 55, l'unique création londonienne du célèbre architecte et designer danois Arne Jacobsen.

De façon générale, c'est néanmoins l'architecture victorienne qui domine cette partie de la capitale. Quelques centaines de mètres à l'ouest, sur la droite de Brompton Road, voici le **London Oratory** de style baroque italianisant, datant de 1884. A l'ouest de l'église sur Cromwell Road débute la zone appelée familièrement «Albertopolis». En quittant l'oratoire, les résultats de la vision d'Albert sont immédiatement perceptibles sur la façade du **Victoria and Albert Museum**. Tournez à droite dans Exhibition Road; en face se dressent le **Natural History Museum** et le **Science Museum**. Continuez sur Exhibition Road et tournez à gauche dans Imperial College Road. L'**Imperial College** est un département scientifique de renom de l'Université de Londres, formé par la réunion des écoles scientifiques qui fleurirent ici au XIXe siècle. L'**Imperial Institute Tower** est tout ce qui demeure de l'institut fondé après l'Exposition Impériale de 1886. Revenez sur Exhibition Road et continuez à gauche jusqu'à Prince Consort Road. Sur la gauche se dresse le **Royal College of Music**, qui organise régulièrement des concerts. Prenez le temps d'observer **Albert Court**, de l'autre côté de Prince Consort Road – un remarquable immeuble résidentiel de sept étages à tourelles, édifié en 1890. Derrière Albert Court se trouve l'un des hauts lieux d'Albertopolis, le **Royal Albert Hall**. Dans cette salle de concerts de forme elliptique pouvant accueillir 8000 spectateurs se tient désormais le festival estival des Proms (de «Promenade», car au XIXe siècle les spectateurs se promenaient durant les représentations). En face, à l'entrée des Kensington Gardens, l'**Albert Memorial** est un splendide hommage victorien au prince Albert, le représentant assis à l'intérieur d'un mini temple néo-gothique à la décoration chargée. De là, reprenez Exhibition Road pour gagner la station de métro de South Kensington.

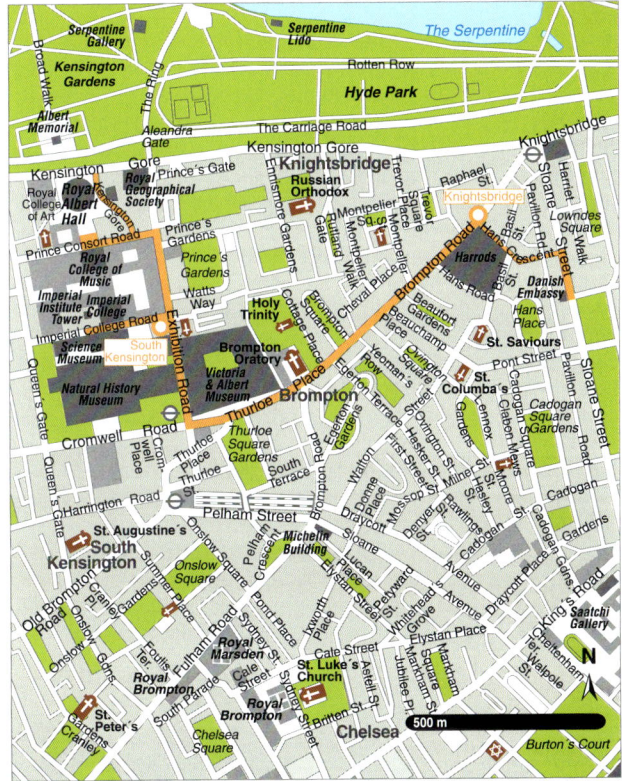

VISION VICTORIENNE

La Grande Exposition de 1851 dégagea un profit substantiel et le prince Albert, époux de la reine Victoria, suggéra que l'argent servît à créer un «quartier culturel».

Départ: ⊖ Knightsbridge   **Arrivée:** ⊖ South Kensington

LES MARCHÉS

Londres compte une poignée de marchés réputés dans toute la capitale et au-delà et qui sont désormais aussi incontournables qu'une visite au Victoria and Albert Museum ou à la National Gallery. Le bagout des camelots et la foule disparate venue des quatre coins de la planète transforment ces marchés en théâtre en plein air, mais un théâtre où les spectateurs peuvent repartir avec une vieille veste en cuir, une broche ancienne en argent ou un CD d'occasion. Certains d'entre eux attirent une clientèle résolument branchée, d'autres conviennent mieux à l'amateur de bonnes affaires. Mais tous procurent un merveilleux spectacle et il n'en coûte rien de regarder et de flâner – un véritable marché libre en action, en quelque sorte.

Cool marketing
Camden Market s'articule autour de Camden High Street, au nord-est de Regent's Park. C'est un bon endroit où dénicher des vêtements de designers à prix doux, des bijoux et de l'artisanat, tout en regardant la jeunesse cool de NW1. Les magasins et la plupart des stands ouvrent tous les jours.

Le **Portobello Road Market** de Notting Hill a toujours attiré les habitants aisés du quartier cherchant le vase antique exact, le candélabre ou l'ornement idoines pour mettre en valeur leurs élégantes demeures du West End. Un public plus alternatif vient aussi ici pour acheter des vêtements de soirée chic et des aliments biologiques. Depuis le film *Coup de foudre à Notting Hill* avec Hugh Grant, on y voit aussi pas mal de touristes. Le marché des antiquités a lieu le samedi de 8h à 18h.

Spitalfields, sur Commercial Street, E1, est actuellement l'un des endroits le plus à la mode de Londres et son marché historique voit se côtoyer marchands ambulants et financiers millionnaires. On y vend des objets d'art et d'artisanat, des livres d'occasion et des aliments biologiques, ainsi que des montagnes de vêtements branchés. Le marché a lieu tous les jours sauf le samedi.

Tout et n'importe quoi

Les origines de **Petticoat Lane Market** remontent au XVIIIe siècle, lorsque des tisserands huguenots et des tailleurs juifs s'installèrent dans cette partie de l'East End ; aujourd'hui c'est essentiellement un marché de vêtements de seconde main, bien que les marchands cockney créent autant l'attraction que les bonnes affaires proposées. Le marché a lieu du lundi au vendredi tout le jour et le dimanche jusqu'à 14h. Non loin de là, **Brick Lane Market** offre un bruyant bric-à-brac où l'on trouve de tout, broche ancienne, vieux magazines ou savon bon marché. Le marché a lieu le dimanche de 9h à 14h.

Vous trouverez de tout sur les marchés de Londres, des objets d'art aux vêtements branchés en passant par des aliments bio.

SOUTH BANK

Durant des siècles, la rive sud de la Tamise fut une sordide banlieue avec ses bordels, ses combats d'ours et autres distractions illicites qui attiraient le bon peuple de la City. C'était ici aussi que la plupart des théâtres étaient situés pour échapper à la censure, et nombre de pièces de Shakespeare furent données d'abord ici, au Globe.

Au XIXe siècle, le South Bank devint une zone importante de l'expansion urbaine londonienne: entrepôts, quais et vastes quartiers résidentiels. Mais le nouveau millénaire lui rendra justice – des projets architecturaux audacieux ont vu le jour et on y trouve désormais de beaux musées et complexes d'arts, et le Thames Park, une promenade au bord de la rivière qui procure une vue imprenable et sans voitures sur la ville.

LES ADRESSES DU QUARTIER

VISITES

Architecture
Southwark Cathedral 60
Millennium Bridge ... 62

Art
Tate Modern ★ 61

Monde sous-marin
London Aquarium 62

Musées
Brunel Museum 58
Design Museum 59
HMS Belfast ★ 59
Winston Churchill's Britain at War Experience 60
London Dungeon 60
Old Operating Theatre Museum 60
Shakespeare's Globe Theatre and Exhibition ★ 60
London Film Museum 62
Florence Nightingale Museum 63
Imperial War Museum ★ 63

Point de vue
The London Eye ★ 62

BALADE 64

À TABLE 92

Brunel Museum (plan 4, I3) Dans la salle des machines de ce qui fut le premier tunnel sous l'eau du monde – achevé en 1843 et conçu par Marc Brunel, père du plus connu Isambard Kingdom – se tient une exposition retraçant l'histoire du tunnel, désormais emprunté par les Overground trains (East London

Le Musée du Design – un lieu idéal pour stimuler son imagination.

Railway). • Tous les jours de 10h à 17h • Railway Avenue, Southwark, SE16, Overground train jusqu'à Rotherhithe; bus 47, 188 ou 381

Design Museum (H5) Situé dans un ancien entrepôt réhabilité dans un style Bauhaus, ce musée abrite les fleurons du design industriel et des arts graphiques des années 1950 à nos jours. • **Tous les jours de 10h à 17h45 (dernière entrée à 17h15)** • Shad Thames, SE1 ⊖ London Bridge ou Tower Hill

HMS Belfast (H4) Le navire de guerre qui joua un rôle crucial lors du débarquement, pendant la Seconde Guerre mondiale, et reprit du service durant la guerre de Corée dans les années 1950, est désormais à quai sur la Tamise. On peut grimper à bord et explorer les cabines, la chambre des machines et les tourelles des canons. • Mars à octobre: tous les jours de 10h à 18h (dernière entrée à 17h); novembre à février: de 10h à 17h (dernière entrée à 16h) • Morgan's Lane, Tooley Street, SE1 ⊖ London Bridge

Winston Churchill's Britain at War Experience (H5) Sur Tooley Street, ce musée est consacré à la vie quotidienne pendant la Seconde Guerre mondiale. • Avril à octobre: tous les jours de 10h à 17h; novembre à mars: de 10h à 16h30 • 64–66 Tooley Street, SE1 ⊖ London Bridge

London Dungeon (H5) Un peu plus loin sur Tooley Street, ce musée des horreurs est un classique un peu kitsch. Effets spéciaux et modèles en cire à donner la chair de poule. • **Ouvert tous les jours; pour connaître le détail des heures d'ouverture, consultez le site www.the-dungeons.co.uk** • 28–34 Tooley Street, SE1 ⊖ London Bridge

Southwark Cathedral (G5) La cathédrale est la quatrième église construite sur le site; de style gothique, elle connut son apogée comme prieuré augustinien du diocèse de Winchester. Situé alors à l'entrée de Londres, le faubourg mal famé de Southwark fut un important centre de commerce; l'église servit de refuge aux criminels et aux prostituées. Désaffectée à la Réformation, elle fut restaurée au XIXe siècle. C'est à Southwark que Jacques Ier, roi d'Ecosse, épousa en 1424 la nièce du cardinal Beaufort, évêque de Winchester; le chapeau et les armoiries du cardinal sont gravés sur un pilier du transept sud. A l'époque élisabéthaine, c'était l'église paroissiale de Shakespeare – son frère Edmund y est enterré. Vous remarquerez des plaques commémoratives intéressantes, comme celle dédiée à John Harvard, fondateur de l'Université du même nom, qui fut baptisé dans cette cathédrale. • **Tous les jours de 8h à 18h. Récitals d'orgue le lundi à 13h, concerts le mardi à 15h15** • Borough High Street, SE1 ⊖ London Bridge

Old Operating Theatre Museum & Herb Garret (G5) Ce musée, consacré à la médecine du XIXe siècle, avant l'époque des anesthésiques, expose notamment des instruments de chirurgie quelque peu terrifiants. Il est situé dans le bloc opératoire victorien – dernier vestige de l'ancien Hôpital St Thomas démoli dans les années 1860 – installé dans les combles de l'église St Thomas, là où l'apothicaire conservait jadis ses herbes médicinales. • **Tous les jours de 10h30 à 17h** • 9A St Thomas Street, SE1 ⊖ London Bridge

Shakespeare's Globe Theatre and Exhibition (G4) De retour au bord de la rivière au-delà de Southwark Bridge, vous verrez la réplique du Globe Theatre de Shakespeare qui se dresse à une courte distance de l'emplacement de l'original. Des visites guidées informent sur les techniques utilisées pour sa reconstruction. On y donne des pièces en été dans les conditions qui étaient celles du public et des acteurs à l'époque de Shakespeare (les heures de visites sont alors plus restreintes). • Mai à septembre: tous les jours de 9h à midi; octobre à avril: tous les jours de 10h à 17h. Informations: ☎ 7902 15 00 • New Globe Walk, Bankside, SE1 ⊖ Blackfriars ou London Bridge

Tate Modern (F4) La Tate Modern se trouve dans l'usine électrique transformée de Bankside: art moderne international depuis 1900, art contemporain au fur et à mesure de sa création. Les salles individuelles sont classées par thème

LA PUISSANCE DE L'ART

Lorsque l'usine de Bankside ouvrit en 1963, certains lui reprochèrent d'occuper un site trop en vue pour un édifice moderne aussi massif. Mais son architecte, Sir Giles Gilbert Scott (1880-1960), avait déjà conçu celle de Battersea et le Waterloo Bridge, ainsi que la classique cabine téléphonique rouge, et était passé maître dans l'art de fondre des formes historiques dans des structures industrielles modernes. On peut décrire Bankside comme une cathédrale de l'âge industriel, avec une grande flèche centrale – la cheminée – et, dans la salle des turbines, une nef intérieure spectaculaire et caverneuse. Depuis 1990, Bankside accueille un musée d'art contemporain issu des vastes collections de la Tate Gallery. Les salles principales se trouvent dans l'ancienne chaufferie; divers artistes contemporains s'exposent dans la salle des turbines.

(paysages, natures mortes, nus, etc.) et juxtaposent des versions classiques du XXe siècle de la grande tradition et des œuvres radicalement modernes d'artistes contemporains. Le musée abrite également plusieurs boutiques, ainsi qu'un café, au 7e étage, d'où l'on a une vue superbe sur l'autre rive de la Tamise et la cathédrale Saint-Paul. • **Dimanche à jeudi de 10h à 18h, vendredi et samedi de 10h à 22h** • Bankside, SE1 ↔ Blackfriars ou Southwark

Millennium Bridge (F4) Reliant les deux berges de la Tamise à la hauteur de la Tate Modern, le Millennium Bridge, conçu par le sculpteur Anthony Caro et l'architecte Norman Foster, fut inauguré par la reine en mai 2000. Réservé aux piétons, il a dû être fermé juste après son inauguration à cause de ses oscillations peu rassurantes. Il a rouvert en 2002. ↔ Blackfriars ou Southwark

The London Eye (E5) Poursuivez le long du Thames Path, au-delà du complexe artistique en béton de South Bank jusqu'à la plus grande roue d'Europe. Chacune des 32 capsules peut accueillir 25 personnes et le voyage dure 30 minutes – de là-haut (135 m), la vue est époustouflante. • **Avril et septembre: tous les jours de 10h à 21h; mai et juin: dimanche à jeudi de 10h à 21h, vendredi et samedi de 10h à 21h30; juillet et août: tous les jours de 10h à 21h30; octobre à mars: tous les jours de 10h à 20h.** Informations et réservations: ☎ 870 990 88 83, ☎ 0871 22 345 (pour les groupes); www.londoneye.com • Millennium Pier, South Bank, SE1 ↔ Waterloo, Westminster ou Embankment

London Film Museum (E5) Ce musée possède la collection de costumes et accessoires de personnages, ainsi que de décors de films la plus importante d'Europe. Des expositions temporaires originales y sont également proposées. • **Lundi à vendredi de 10h à 17h (jeudi dès 11h), samedi et dimanche de 10h à 18h** (dernière entrée une heure avant la fermeture) • County Hall, Riverside Building, Westminster Bridge Road, SE1 ↔ Waterloo ou Westminster

London Aquarium (E5) En face du London Eye, l'une des plus grandes expositions européennes de poissons et faune marine. • **Lundi à jeudi de 10h à 18h** (dernière entrée à 17h), **vendredi à dimanche jusqu'à 19h** (dernière entrée à 18h); les horaires peuvent changer ☎ 0871 663 16 78 • County Hall, Riverside Building, Westminster Bridge Road, SE1 ↔ Waterloo ou Westminster

Les méthodes traditionnelles de construction furent appliquées pour rebâtir le Globe Theatre de Shakespeare; l'original avait brûlé en 1613.

Florence Nightingale Museum (E5) Florence Nightingale établit la première école d'infirmières du monde en 1860. Ce musée retrace des périodes-clé de sa vie, son enfance et son milieu familial, la guerre de Crimée – les journaux lui décernèrent alors le surnom de Lady with the Lamp (la lanterne qu'elle portait lorsqu'elle soignait les soldats blessés) – ainsi que son rôle dans la réforme de la santé publique. • Tous les jours de 10h à 17h ☎ 7620 03 74 • 2 Lambeth Palace Road, SE1 ⊖ Westminster, puis traverser à pied Westminster Bridge

Imperial War Museum (F6) Situé dans l'ancien Royal Bethlehem Hospital, ce musée présente l'histoire de la guerre moderne. Il ouvrit en 1920 suite à la Première Guerre mondiale dans le but de donner un sens à cette catastrophe mondiale. Les conflits ultérieurs sont traités avec la même sensibilité. • **Tous les jours de 10h à 18h. Entrée libre** • Lambeth Road, SE1 ⊖ Lambeth North ou Elephant & Castle

EN BALADE: SOUTH BANK

Depuis la station de Rotherhithe, tournez à gauche dans Railway Ave où se trouve la **Brunel Museum**. Poursuivez jusqu'à la Tamise, après un arrêt sur la gauche dans St Marychurch Street pour admirer l'église **St Mary's**. L'édifice actuel date de 1715, mais le précédent fut l'église paroissiale de l'équipage du *Mayflower*; Christopher Jones, le capitaine du navire, est enterré dans le cimetière. Suivez **Thames Path** en direction de Tower Bridge. Cette région de docks et d'entrepôts comprend désormais d'agréables immeubles résidentiels donnant sur les quais et des bars et cafés branchés. Dominant le fleuve de l'autre côté de St Saviour's Dock se dresse le **Design Museum**. Continuez au-delà de Tower Bridge. L'édifice circulaire en verre sur votre gauche est **City Hall** (l'Hôtel de Ville), œuvre de l'architecte britannique contemporain Norman Foster. Longez le *HMS Belfast* à l'ancre sur la Tamise, dépassez le London Bridge et gagnez les rues étroites pleines d'atmosphère entourant Southwark Cathedral. Durant des siècles, les Londoniens vinrent y jouer, voir la dernière pièce de Shakespeare ou se rendre au bordel. Le quartier était propriété des évêques de Winchester, dont la richesse s'accrut grâce aux «dîmes» prélevées sur les prostituées (surnommées les «oies de Winchester»). Si vous poursuivez à droite depuis la cathédrale, vous arriverez sur Clink Street, où l'unique vestige de l'ancien palais de Winchester est un grand vitrail en rosace qui ornait jadis la grande salle. Plus loin, dans une cave se trouve le **Clink Prison Museum**. Egalement gérée par les évêques de Winchester, cette prison était célèbre pour sa brutalité et l'expression «being sent to the Clink» signifiant être envoyé en prison est toujours utilisée aujourd'hui. Clink Street débouche sur Southwark Bridge. De l'autre côté se trouve **The Anchor**, une auberge du XVIIIe siècle avec une belle terrasse donnant sur la Tamise, où l'on peut déguster une bière en admirant St Paul's. La reconstruction moderne du théâtre de Shakespeare, le **Globe**, est située un peu plus loin sur Bankside; juste au-delà se trouve une rangée de maisons du XVIIIe siècle. Le N° 49 porte une plaque affirmant que Christopher Wren y séjourna durant la construction de St Paul's. Continuez jusqu'à l'usine électrique de Bankside – aujourd'hui la **Tate Modern**. De là, traversez la Tamise sur l'étonnant **Millenium Bridge** et gagnez la cathédrale St Paul's.

SOUTH BANK

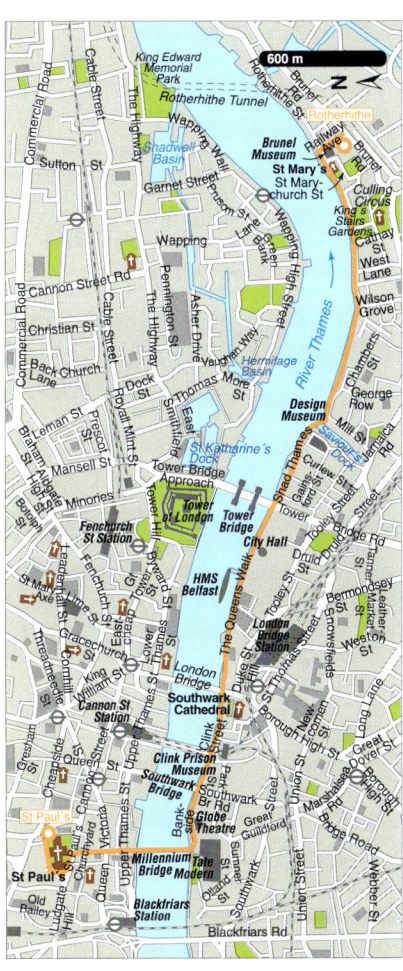

SUR LES QUAIS

L'histoire illustrée par l'architecture, du Globe de Shakespeare au Millenium Bridge.

Départ:

Rotherhithe station (Overground train)

Arrivée:

⊖ St Paul's

LE SENS CACHÉ DES NOMS

Les Londoniens utilisent de nombreuses métaphores pour désigner choses et gens de leur vie quotidienne, et donnent des surnoms – souvent peu flatteurs – aux nouveaux édifices apparus dans leur ville ces dernières décennies. Les visiteurs étrangers feront bien d'en connaître quelques-uns, ne serait-ce que pour savoir de quoi parlent les habitués.

Expressions communes

Possesseur du premier système de métro souterrain (*underground*) du monde, Londres s'est approprié le nom le plus littéral pour le décrire: l'Underground. Mais ce serait trop simple, aussi les Londoniens compliquent-ils la chose en l'appelant pratiquement toujours «*the Tube*».

Dans la même veine, la minuscule City de Londres – par opposition à la vaste cité appelée Londres – est aussi dite *Square Mile* (le mile carré), référence aux limites originelles fixées par les fondateurs romains il y a deux millénaires.

On ne peut au moins accuser les Londoniens de ne pas respecter la tradition: les policiers sont toujours appelés *Bobbies*, bien que cela soit un clin d'œil à Sir Robert (*Bob*) Peel, Secrétaire d'Etat, qui créa la police métropolitaine en 1829. On les désigne également sous le nom de «*Coppers*» – terme qui dé-

Gauche: le «Gherkin», un gratte-ciel écologique. Droite: le Millenium Bridge n'oscille plus, mais a gardé son surnom de «pont branlant».

rive du verbe *to cop* signifiant attraper en vieil anglais – *«The Bill»* ou *«Old Bill»*, dont l'étymologie possible est multiple: le Metropolitan Police Bill (loi) de Robert Peel instaurant la force de police; le roi Guillaume IV (Old Bill), qui monta sur le trône un an plus tard; ou l'ancienne maréchaussée, parfois désignée par le nom des armes qu'elle portait, des *bills* (hallebardes) ou *billhooks* (serpes).

Par contre, si quelqu'un vous suggère une virée au *«boozer»*, pas besoin d'appeler les «Old Bill», il ne s'agit que d'aller boire un verre au pub.

Surnoms modernes

La fréquence des surnoms peu flatteurs donnés aux nouveaux édifices de la ville reflète le plaisir typique du Londonien de remettre la prétention à sa place. Buckingham Palace peut bien être le palais le plus célèbre du monde, pour les gens du coin il n'est que le certes moins grandiose Buck House. L'architecture moderne est encore plus malmenée. La Princess Diana Memorial Fountain, à Hyde Park, a immédiatement reçu le surnom de *«Storm Drain»* (égout pluvial), tandis que le Millenium Bridge, en face de la Tate Modern s'appelle toujours *«Wobbly Bridge»* (pont branlant), par référence à ses débuts où il dut être fermé car il oscillait trop fortement. Mais c'est le surnom donné à la tour flambant neuve de la Swiss Re due à l'architecte Norman Foster, au 30 St Mary Axe, qui est le plus répandu et désormais utilisé dans toute la City. En fait, si vous demandez où se trouve la tour de la Swiss Re, on vous regardera sans comprendre; parlez du *«Gherkin»* (le cornichon) et l'on vous indiquera immédiatement la bonne direction. Vous comprendrez pourquoi une fois sur place.

EAST END ET DOCKLANDS

L'East End fut longtemps habité par les communautés les plus pauvres de Londres. Cela remonte au XVIe siècle, lorsque les ouvriers métallurgistes furent obligés d'y déménager. Ses logements bon marché en firent la destination des immigrants. Parallèlement se développa l'image de l'East End comme une zone sans foi ni loi – c'est là aussi que Jack l'Eventreur terrorisa la population à l'époque victorienne. De nos jours, la région des docks est recouverte de gratte-ciel de bureaux high-tech.

LES ADRESSES DU QUARTIER

VISITES

Architecture
Christ Church, Spitalfields★ 70
Docklands 70
Historic Maritime Greenwich★ 71
Thames Barrier★ 71

Art
Whitechapel Art Gallery 70

Butiner
Petticoat Lane★ 70
Brick Lane Market 70

Musées
Dennis Severs' House 68
Geffrye Museum 69
V&A Museum of Childhood 70

BALADE 72

À TABLE 93

Dennis Severs' House (H2) Dans cette maison géorgienne restaurée, le temps semble s'être arrêté au début du XVIIIe siècle, lorsqu'elle était habitée par une famille de tisserands huguenots. En vous baladant à travers les pièces, vous aurez l'impression que cette famille y vit toujours – de bonnes odeurs de cuisine embaument la maison, les escaliers craquent, la pendule sonne et, dans la rue, les sabots des chevaux claquent sur le pavé. L'artiste américain Dennis Severs y vécut de 1979 jusqu'à sa mort en 1999 et conserva la maison en l'état, sans chauffage ni électricité ni eau courante; il en fit don à la Spitalfields Historical Housing Association. • Dimanche de midi à 16h (dernière entrée à 15h15) et le lundi suivant les 1er et 3e dimanches du mois de midi à 14h. Visites «Silent Night» à la lumière des bougies tous les lundis,

Les Docklands – un quartier désormais agréable à vivre.

les horaires varient selon les saisons. Réservez à l'avance ☎ 020 7247 40 13 (de 9h30 à 15h), fax 020 7377 55 48 • 18 Folgate Street, Spitalfields E1 ⊖ Liverpool Street

Geffrye Museum (H1) Ce joyau parmi les mieux cachés de Londres fait partie d'un groupe d'anciens hospices de quincailliers datant de 1715. Transformé en un musée de l'architecture d'intérieur et du mobilier au début du XXe siècle, il entraîne le visiteur dans une découverte de l'aménagement du salon à travers les siècles. De la période élisabéthaine à l'ère géorgienne et victorienne, on arrive à l'histoire contemporaine. Vous pourrez aussi visiter les jardins, ouverts en été, et un hospice du XVIIIe siècle qui a été entièrement restauré. • **Mardi à samedi de 10h à 17h, dimanche et jours fériés de midi à 17h; le restaurant est ouvert jusqu'à 16h45. Jardin d'herbes clos et jardins d'époque: d'avril à octobre pendant les heures d'ouverture du musée** ☎ 7739 98 93 • 136 Kingsland Road, E2 ⊖ White Chapel puis Overground train jusqu'à Hoxton

Petticoat Lane (H3) Le légendaire marché londonien du dimanche matin commença à se spécialiser dans le commerce d'étoffes après que des tisserands huguenots et juifs se furent installés dans le quartier. Il vend un peu de tout et possède des camelots hauts en couleur. • **Middlesex Street, E1** ⊖ Liverpool Street, Aldgate ou Aldgate East

Whitechapel Art Gallery (H3) Suivez Whitechapel High Street depuis le bas de Middlesex Street pour gagner ce bel édifice datant de 1899. La galerie organise de passionnantes expositions d'art contemporain. • **Mardi à dimanche de 11h à 18h, jeudi jusqu'à 21h** ☎ 7522 78 88/78 78 • 80–82 Whitechapel High St, E1 ⊖ Aldgate East

Christ Church, Spitalfields (H3) Remontez vers le nord Commercial Street depuis la Whitechapel Art Gallery jusqu'à cette belle église de Hawksmoor, bâtie en 1714 pour les huguenots. Son portail porte quatre colonnes toscanes, et l'insolite clocher baroque est surmonté d'une flèche de 69 m de haut. Tout près, la halle de marché de Spitalfields vaut le détour: alimentation bio, livres, vêtements et artisanat. • **Commercial Street, E1** ⊖ Aldgate East ou Liverpool Street

Brick Lane Market (H2) Au nord de Christ Church, Fournier Street mène dans Brick Lane, appréciée pour ses restaurants de curry, ses boutiques de vêtements et d'alimentation. Son marché dominical (épices et étoffes) mérite une visite. • **Dimanche de 5h à 14h** • Brick Lane, E1 ⊖ Aldgate East ou Shoreditch

V&A Museum of Childhood (plan 3, I1) Ce musée consacré à l'enfance fascinera les enfants comme leurs parents. Fabuleux jouets, maisons de poupée, vêtements d'enfants et antiquités. • **Tous les jours de 10h à 17h45** • Cambridge Heath Road, E2 ⊖ Bethnal Green

Docklands (plan 3, I3–J4) Les docks de Londres connurent leur âge d'or au XIXe siècle et tombèrent dans l'oubli à l'arrivée des navires-conteneurs de haute mer dès 1960. Dans les années 1980, le gouvernement décida de faire de ce quartier la vitrine du renouveau urbanistique, et il est aujourd'hui l'une des réalisations les plus cohérentes de l'architecture moderne: futuriste, avec le gratte-ciel d'acier massif de Cesar Pelli's One Canada Square (246 m), qui fut le plus haut de Grande-Bretagne entre 1991 et 2010 – le Shard London Bridge (310 m), actuellement en construction à Southwark, l'a en effet dépassé. La meilleure façon d'approcher cet endroit est de monter dans une rame sans chauffeur du Docklands Light Railway (DLR). Restez à bord jusqu'à Island Gardens pour un coup d'œil sur le Royal Hospital de Christopher Wren, de l'autre côté de la Tamise, à Greenwich – puis empruntez à pied le Greenwich Foot Tunnel, bâti en 1902, pour vous y rendre. ⊖ et DLR: **Canary Wharf** ou DLR: **Island Gardens**

Historic Maritime Greenwich (plan 3, K4) Cet ensemble historique de parcs et musées est animé le week-end par des marchés. Commencez par le Royal Hospital de Wren. Le roi Guillaume d'Orange et son épouse installèrent ici un hôpital pour les vétérans de la marine. En 1873, celui-ci céda la place au Royal Naval College (Ecole navale). Les visiteurs ont accès au réfectoire et à la chapelle. On peut aussi y voir l'exposition Discover Greenwich retraçant l'histoire de Greenwich. Le National Maritime Museum (Musée national de la Marine) occupe plusieurs corps de bâtiment, dont la Queen's House (Pavillon de la Reine, XVIIe) construit pour l'épouse de Charles Ier par Inigo Jones; admirez son escalier à double volée et le plafond peint de la Chambre de la Reine. Les ailes du musée accueillent une collection de bateaux, peintures navales et instruments de navigation. Le Royal Observatory de Wren a été réaménagé, avec le Peter Harrison Planetarium et une présentation du méridien de Greenwich. A voir aussi, le Fan Museum (Musée de l'Eventail). Au bord de l'eau sont amarrés le ketch *Gipsy Moth IV* et le trois-mâts *Cutty Sark*. Ce dernier, endommagé par un incendie en 2007, devrait rouvrir fin 2011 après restauration. • **Musées: tous les jours de 10h à 17h (dernière entrée à 16h30)** ☎ 8858 44 22 • **Greenwich, SE10; DLR: Cutty Sark**

Thames Barrier (plan 3, M3) D'énormes ailerons en acier ornent les vannes du plus grand barrage mobile du monde. Les marées de la Tamise (plus de 7 m au printemps), qui causaient jadis de terribles inondations, sont désormais contrôlées. Le centre d'accueil des visiteurs évoque la construction et le fonctionnement du barrage. • **Centre d'accueil des visiteurs: avril à septembre, tous les jours de 10h30 à 16h30; le reste de l'année de 11h à 15h30. Dernier spectacle une heure avant la fermeture** ☎ 8305 41 88 • **Unity Way, Woolwich, SE18; train de Charing Cross à Charlton Station (puis 20 min à pied ou bus, voir informations affichées) ou ⊖ North Greenwich**

EN BALADE: EAST END

En quittant la station de Liverpool Street par la sortie sud, arrêtez-vous pour jeter un œil à la magnificence victorienne restaurée du **Great Eastern Hotel**, qui ouvrit en 1884 et se faisait jadis livrer de l'eau de mer par train pour offrir à ses hôtes des bains d'eau salée roborative. Continuez vers l'est le long de Liverpool Street et tournez à gauche dans **Bishopsgate**, une ancienne voie romaine quittant Londres par le nord. Sur sa droite, celle-ci croise Middlesex Street, où a lieu le dimanche matin le marché haut en couleur de Petticoat Lane (un marché plus petit s'y tient aussi du lundi au vendredi).

Prenez ensuite le second tournant à droite dans **Brushfield Street**. La rue longe l'historique **Spitalfields Market** avec sa superbe toiture en voûte et mène à Commercial Street. En face sur la droite se dresse l'extraordinaire **Christ Church Spitalfields** de Nicholas Hawksmoor, édifice construit en 1714 pour les réfugiés huguenots récemment installés dans l'est de Londres pour échapper aux persécutions religieuses en France: en fait, plus de la moitié des tombes du cimetière portent des noms français. Spitalfields a aussi un passé plus sombre. Au Nº 84 de Commercial Street se trouve le **Ten Bells**, un pub que fréquentait régulièrement Mary Jane Kelly, l'une des dernières victimes de Jack l'Eventreur. Le célèbre tueur en série hantait le quartier de Spitalfields et y assassina 11 femmes en 1888 – il ne fut jamais arrêté.

Continuez vers l'est sur Fournier Street, face à Brushfields Street, jusqu'à Brick Lane, au cœur de ce qu'on surnomme aujourd'hui Bangla Town. La rue regorge de restaurants de curry et de boutiques de saris. A l'angle de Fournier Street et **Brick Lane**, la Jamme Masjid, d'abord une chapelle huguenote au XVIIIe siècle, fut convertie en synagogue jusqu'aux années 1960 avant de devenir une mosquée. Prenez au sud le long de Brick Lane jusqu'à **Whitechapel Road**. Quelques blocs plus à droite la Whitechapel Art Gallery est un centre ultramoderne d'art contemporain. Aux N°s 80–82 de Whitechapel Road, la **Whitechapel Bell Foundry** est une fonderie de cloches en activité depuis des siècles; elle fournit entre autres la Liberty Bell de Philadelphie et Big Ben du Parlement londonien. Poursuivez à l'est sur Whitechapel Road jusqu'à la station de métro de Whitechapel.

EAST END ET DOCKLANDS 73

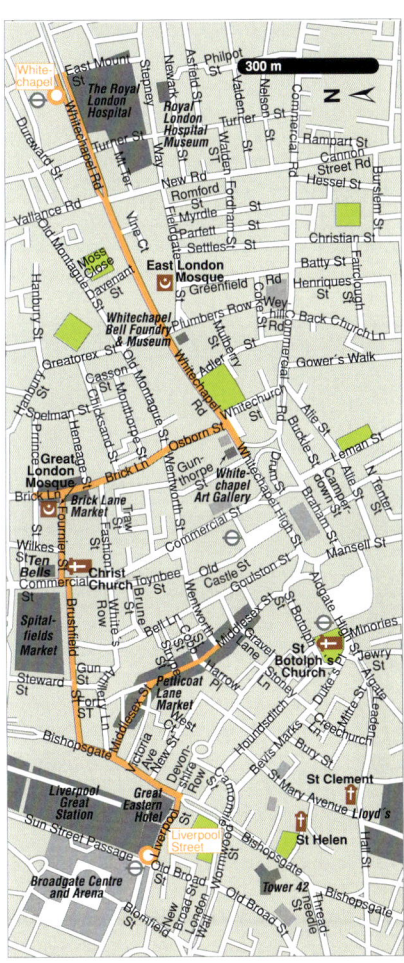

L'EAST END

L'East End a connu diverses vagues successives d'immigration au cours des siècles; la plus récente en provenance du sous-continent indien.

Départ:
⊖ Liverpool St

Arrivée:
⊖ Whitechapel

POUR MOI, CE SERA UNE *PINT*!

Sans aucun doute, le *pub* (abréviation de *public house*) est au cœur de la vie sociale anglaise, ce qui explique que deux des séries télévisées les plus populaires – *Coronation Street* et *Eastenders* – soient centrées sur leur «local» respectif (le terme désignant le pub que l'on fréquente tout près de chez soi). Au fil des ans, les pubs de Londres ont cependant subi divers changements. Fini le temps où ils étaient peuplés en exclusivité de mâles, tandis que dans la plupart des quartiers, le pub à deux vitesses – avec un salon pour les clients des classes supérieures et un bar public meilleur marché et plus rudimentaire pour les ouvriers – n'est plus qu'un souvenir.

L'entrée dans le XXIe siècle

Des bouleversements plus radicaux encore se sont produits récemment. Depuis novembre 2005, les pubs peuvent rester ouverts tard dans la nuit, aussi le classique et terriblement frustrant «*Time, please!*» («C'est l'heure!») qui résonne à 23h ne signifie-t-il plus forcément la fin de la soirée. D'autre part, depuis 2007, il est strictement interdit de fumer dans tous les lieux publics, y compris les pubs et les restaurants. Mais, certaines choses ne changent pas: les boissons sont toujours payées au bar – il n'y a pas de service aux tables – et il n'est encore pas nécessaire de donner un pourboire au barman. Sachez également que lorsque l'on vient en groupe, il revient à chacun de payer une tournée.

Une sélection de pubs

On trouve désormais à Londres des pubs en tout genre: gay, «gastro», café-théâtre ou traditionnel. Un public homosexuel décontracté et un peu plus âgé se retrouve souvent dans le pub gay le plus connu de Soho, l'**Admiral Duncan** sur Old Compton Street; toujours populaire, le **Two Brewers**, au 14 Clapham High Street, est réputé pour ses drag shows animés.

Le «gastropub» est une invention issue de la folie de la cuisine des années 1990. Voyez le chic **White Horse** qui domine Parson's Green dans le sud-ouest de Londres; le menu classieux du **Coach & Horses** sur Ray Street dans la City; et les **Seven Stars** à Holborn, fréquenté par les avocats bien payés des Royal Courts voisins, qui n'exigent rien d'autre qu'une honnête assiette du jour avec une bonne bière.

Riche mélange de bières et de théâtre d'avant-garde enfin au **King's Head**, Islington et au **Gate**, au-dessus du pub **Prince Albert** de Notting Hill.

Malgré une tendance récente à la modernisation des vieux pubs, on en trouve encore beaucoup de traditionnels. Le **Jamaica Wine House**, près du Monument, date de juste après le Grand Incendie et possède un bel intérieur en acajou; le **Princess Louise** sur High Holborn est un *gin palace* du XIXe siècle, au décor somptueux avec plein de miroirs gravés; au **Nag's Head**, 53 Kinnerton Street dans Knightsbridge, l'ambiance est celle d'un pub campagnard, bonne bière pression et téléphones portables interdits.

EXCURSIONS

En une journée au départ de Londres, il est possible de gagner de nombreux sites historiques avec les bus réguliers longue distance ou le train. Vous pouvez aussi vous joindre à un tour organisé. Pour des informations sur les excursions à la journée, contactez le Britain and London Visitor Centre (BLVC), 1 Regent Street, SW1Y 4XT, ☎ 020 88 46 90 00 ou consultez le site Internet: www.visitbritain.com. Pour connaître les horaires des trains et le prix des billets, composez le 08457 48 49 50.

Dans ce chapitre, nous vous proposons d'abord des sites dans les environs de la capitale, tous accessibles en métro, puis quelques excursions intéressantes, mais plus lointaines, listées par ordre alphabétique.

DANS LES ENVIRONS DE LONDRES

VISITES

Architecture
Chiswick House 76
Hampton Court Palace★ 79
Hatfield House.........80
Leeds Castle 81
Windsor Castle★ 83
Woburn Abbey.........83

Art
Estorick Collection ...77

Atmosphère
Cambridge★............78
Canterbury 79
Oxford★ 81
Salisbury and Stonehenge★ 82
Stratford-upon-Avon.......................82

Un bol d'air
Hampstead Heath★..77
Royal Botanic Gardens (Kew)★ 78
London Wetland Centre.....................78

BALADE 84

Chiswick House Lord Burlington, mécène et architecte, conçut lui-même ce manoir palladien en 1725, dans ce qui était alors un quartier d'artistes. L'étage noble fut richement décoré de chérubins et de guirlandes; les peintures du plafond sont l'œuvre de William Kent, qui dessina aussi les jardins à l'italienne.
• Manoir (entrée payante): avril, tous les jours de 10h à 17h; mai à octobre,

Le London Wetland Centre de Barnes a transformé un système de réservoirs désaffectés en réserve de faune aquatique.

dimanche à mercredi. Jardins (entrée libre): ouverts toute l'année de 7h au crépuscule. ☎ 8995 05 08 • Burlington Lane, W4 ⊖ Turnham Green, puis bus E3, ou train depuis Waterloo

Estorick Collection Assemblée par le marchand d'art américain Eric Estorick, la collection est consacrée à l'art italien contemporain, en particulier les futuristes (dont la devise était «une voiture vrombissante est plus belle que la *Victoire de Samothrace*»). On y trouve aussi des œuvres de Modigliani ou de De Chirico. Des expositions temporaires sont organisées sur des thèmes comme les pâtes ou les affiches d'aviation. • Mercredi à samedi de 11h à 18h (jeudi jusqu'à 20h), dimanche de midi à 17h ☎ 7704 95 22 • 39a, Canonbury Square, N1 ⊖ Highbury & Islington; bus 271

Hampstead Heath La lande d'Hampstead réunit sur 324 ha un condensé de nature, des bois sauvages au parc aménagé – tout cela aux portes de Londres.

Faites du cerf-volant, de la natation, de la pêche, une promenade ou un jogging et, quand vous aurez soif, gagnez la célèbre Spaniards Inn. Le manoir néo-classique de Kenwood (au nord-est du site naturel) est ouvert tous les jours, et l'entrée est libre; on peut y voir la bibliothèque conçue par Robert Adams et une collection de peintures anciennes. • **Ouvert tous les jours de 10h à 18h en été, jusqu'à 16h en hiver** ⊖ **Hampstead ou Belsize Park**

Royal Botanic Gardens (Kew) Comptez au moins une demi-journée pour visiter ce merveilleux complexe de jardins, serres et installations de recherche, généralement appelé Kew Gardens. Ne manquez pas la serre de la princesse de Galles avec ses plantes carnivores, où sont recréés dix climats tropicaux différents et la serre des Palmiers, de style victorien en verre et acier. Sur la propriété, le Kew Palace, récemment restauré, fut la résidence de George III. Le domaine avait été partiellement redessiné par Capability Brown lorsque le roi en hérita, et le souverain continua à superviser ses aménagements ultérieurs, envoyant même son jardinier en expédition avec le capitaine Cook pour découvrir de nouvelles espèces. • **Ouvert tous les jours (sauf 24 et 25 décembre) dès 9h30; l'heure de fermeture varie. Informations et renseignements ☏ 8332 56 55 ou www.kew.org • Kew, Richmond, Surrey** ⊖ **Kew Gardens**

London Wetland Centre En flânant dans cette réserve de faune et de flore aquatique, vous aurez de la peine à imaginer que vous êtes près du centre-ville. Elle fut créée en transformant un système de réservoirs désaffectés en une trentaine d'habitats aquatiques et en plantant plus de 300 000 plantes et 30 000 arbres. On a aussi aménagé un cinéma, un centre de découvertes et un observatoire dernier cri: de là-haut, vous pourrez admirer la diversité de la faune attirée par le site, notamment des martins-pêcheurs. On dénombre six abris pour observer les oiseaux, ainsi que la Peacock Tower dominant tout le paysage. Des ateliers pour enfants sont organisés toute l'année; informations: www.wwt.org.uk.
• **Tous les jours de 9h30 à 17h en hiver, jusqu'à 18h en été (dernière entrée 1h avant) • Wildfowl & Wetlands Trust, Queen Elizabeth's Walk, Barnes London SW13 9WT** ⊖ **Hammersmith, puis bus 283 (navette Duck Bus)**

Cambridge Cambridge, l'une des deux fort anciennes universités anglaises fut fondée au XIIIe siècle et contient de splendides collèges datant de toutes les périodes depuis le gothique. Vous n'y trouverez pas un campus unique – comme sa rivale Oxford, l'Université est un vaste corps informe, ses collèges éparpillés parmi les boutiques et maisons de la ville. Une balade autour des jardins et cours des divers collèges vous donnera une idée de la richesse et de la gloire de l'Université. Dans «les arrières» (the Backs), un endroit de toute beauté, les étudiants canotent sur la rivière Cam qui serpente à travers des pelouses donnant sur l'arrière de plusieurs collèges. Ne manquez pas la grande chapelle de King's College, fondée par Henri VI en 1441, et l'ensemble d'édifices Tudor de Trinity College. La liste des célébrités qui fréquentèrent ce dernier collège est remarquable: Isaac Newton, Lord Byron, Wittgenstein et le Pandit Nehru, pour ne citer que ceux-là. D'autres plaisirs culturels vous attendent, hors de l'Université, par exemple au Fitzwilliam Museum, avec sa belle collection d'art, de Titien à Hockney, une visite incontournable. • **A 100 km au nord de Londres par la M11; train au départ de King's Cross et Liverpool Street**

Canterbury Canterbury est le bastion du christianisme en Angleterre depuis que saint Augustin convertit le roi saxon Ethelbert en 597. Les murailles médiévales et le centre historique de la ville sont dominés par la magnifique cathédrale. Elle fut commencée sous l'archevêque Lanfranc en 1070, mais le beau clocher de 72 m de haut (Bell Harry Tower) fut achevé plus de 400 ans plus tard. Le vaste intérieur est époustouflant, avec d'immenses vitraux, des tombeaux royaux et le sanctuaire dédié à Thomas Becket, assassiné ici en 1170 sur ordre du roi Henri II. C'est vers ce sanctuaire que marchaient les pèlerins de Chaucer dans les *Contes de Canterbury*, et un musée dédié à cet ouvrage et à la vie du XIVe siècle en général se trouve dans la vieille église sur St Margaret's Street. D'autres musées se consacrent au passé de Canterbury, parmi eux le Roman Museum – la ville fut l'une des premières établies après la conquête de 43 apr. J.-C. – et le Canterbury Heritage Museum, sur Stour street, qui vous révélera dans le détail le caractère de Becket. • **A 100 km au sud-est de Londres par la M2; train au départ de Victoria et Charing Cross ou car National Express depuis Victoria**

Hampton Court Palace Le cardinal Wolsey, Lord-Chancelier sous Henri VIII, aurait dû s'abstenir de faire étalage de ses richesses. De surcroît, il se révéla incapable d'organiser le divorce du roi, qui souhaitait épouser Anne Boleyn.

Pour marquer son courroux, le souverain lui confisqua Hampton Court. Les visiteurs peuvent admirer les salons d'apparat d'Henri VIII, ainsi que les appartements rénovés de Guillaume III et de la reine Caroline. Les vastes cuisines Tudor – les plus belles de cette époque – semblent s'affairer à la préparation de quelque fête. Réservez du temps pour voir les jardins, et surtout le fameux labyrinthe et le cep de vigne planté en 1768. Tout près, Bushy Park est une vaste réserve naturelle, fréquentée par des troupeaux de cerfs. • **Fin mars à fin octobre, tous les jours de 10h à 18h (dernier ticket: 17h); en hiver jusqu'à 16h30 (dernier ticket: 15h30). Labyrinthe: mêmes horaires (dernière entrée: 17h15 en été, 15h45 en hiver)** ☎ **0844 482 77 77 • East Molesey, Surrey ⊖ Richmond, puis bus ou bateau; train depuis Waterloo ou vedette d'avril à début octobre (2h30 à 4h de trajet en bateau)**

Hatfield House Ce fut à l'origine un palais Tudor, résidence de campagne d'Henri VIII et l'endroit où grandit Elisabeth Ire. Lorsque Sir Robert Cecil l'acheta au successeur d'Elisabeth, Jacques Ier, il modifia le bâtiment, et le résultat est l'une des plus belles demeures jacobites du pays. Ses jardins à la française fu-

La chapelle du collège de Christ Church est aussi la cathédrale d'Oxford.

rent réalisés par le concepteur du XVIIe siècle, John Tradescant. • **Ouvert de Pâques à septembre. Résidence: tous les jours de midi à 17h (dernière entrée à 16h); jardins et parc: tous les jours de 11h à 17h30 (dernière entrée à 17h). Visites guidées en semaine ☎ 01 707 287 010** • Hatfield, Herts, à 33 km au nord de Londres par l'A1 (M), sortie 4; train au départ de King's Cross

Leeds Castle Ce château de conte de fées, hérissé de tours et de remparts, se dresse sur deux îles au milieu d'une rivière, à environ 10 km à l'est de Maidstone. Edifié à l'époque des Normands sur le site d'un manoir saxon du IXe siècle, il fut fortifié par Edouard Ier, puis transformé par Henri VIII en un confortable palais royal. L'intérieur abrite du superbe mobilier, ainsi que magnifiques tapisseries et peintures datant du XIVe au XIXe siècle. Dans le reste du domaine, vous verrez des cygnes noirs glissant dans les douves et des paons se pavanant sur les pelouses; vous pourrez aussi assister à des démonstrations de fauconnerie. Les jardins sont toujours très colorés, avec des fleurs sauvages dans les bois, des roses, des plantes méditerranéennes, sans oublier le charmant jardin Culpeper, qui tient son nom du célèbre herboriste. Nombre d'activités passionnantes – vols en ballon, concerts, feux d'artifice, etc. – sont également organisées. • **Château: avril à septembre de 10h30 à 18h (dernière entrée à 17h50); octobre à mars de 10h30 à 16h (dernière entrée à 15h30). Jardins: avril à septembre de 10h à 19h (derniers billets vendus à 17h); octobre à mars de 10h à 17h (derniers billets vendus à 15h) ☎ 01 622 76 54 00; réservation pour les groupes ☎ 01 622 76 78 65** • Maidstone, Kent, à 56 km au sud-est de Londres par la M20, sortie 8; train depuis Victoria jusqu'à Bearsted Station, puis bus navette; car National Express depuis la gare routière de Victoria

Oxford La cité fut fondée par les Saxons au confluent de la Tamise et de la Cherwell. Elle commença à s'animer au XIIe siècle, lorsque Henri Ier, souverain érudit, s'y fit construire un palais et que des étudiants vinrent à Oxford pour étudier. Au XIIIe siècle, ils se réunissaient en petites communautés de style monastique dans des lieux d'étude – le premier, University College date de 1249 – ce qui en fait la plus vieille université de Grande-Bretagne. Le plus opulent des collèges actuels est Christ Church, qui a même pour chapelle la magnifique cathédrale normande de la ville. Pénétrez-y en passant sous l'immense Tom Tower et en traversant la vaste cour principale. Le collège s'enorgueillit aussi de posséder la Christ Church

Picture Gallery, dont les collections comprennent notamment des œuvres de Léonard de Vinci et Michel-Ange. Oxford compte au total 41 collèges. Ne manquez surtout pas Magdalen College, Merton College et Queen's College. Le cœur de l'Université est Radcliffe Square, avec sa bibliothèque circulaire du XVIIIe siècle conçue par James Gibbs. Visitez aussi l'Ashmolean Museum qui possède une collection d'art, d'ustensiles anciens et de pièces rares, telles que la lanterne de Guy Fawkes et le manteau de Powhatan, probablement la plus ancienne pièce de vêtement d'Amérique du Nord encore existante. Allez voir aussi l'étonnant Pitt Rivers Museum – une partie de sa collection d'objets archéologiques et ethnologiques provient de donations faites par les tout premiers explorateurs et anthropologues. • A 90 km à l'ouest de Londres par la M40; train au départ de Paddington; cars Oxford Espress ou Oxford Tube depuis Victoria

Salisbury and Stonehenge Un fort de l'âge de la pierre se dressait à Salisbury bien avant la conquête romaine. Plus tard, les Saxons arrivèrent, puis les Normands, qui baptisèrent l'endroit Sarum. Les ruines de la ville ancienne – «Old Sarum» – se trouvent à 3 km au nord de l'actuelle Salisbury. La ville «nouvelle» date du XIIIe siècle, lorsque le clergé fit construire une nouvelle église hors d'atteinte du château normand. Achevée en 40 ans, Salisbury Cathedral est l'une des expressions les plus cohérentes de l'architecture gothique anglaise, bien que la flèche penchée (124 m) soit une addition du XIVe siècle. Le centre-ville est un labyrinthe de ruelles médiévales bordées de maisons à colombages. Les mardis et samedis, ne manquez pas le marché animé, qui s'y tient depuis le XVIe siècle. Stonehenge se dresse à 15 km au nord de Salisbury. Les origines de ce cercle de pierres vieux de 5000 ans et érigé par les druides sont entourées de mystère – personne ne sait exactement comment les énormes blocs furent transportés ici depuis le Pays de Galles, ni à quoi ils servirent après l'édification du cercle. Le site est classé au Patrimoine de l'humanité. • Stonehenge Heritage Centre: tous les jours en été de 9h à 19h; horaires restreints le reste de l'année; stonehengevisitorcentre@bell-pottinger.co.uk • A 145 km au sud-ouest de Londres par la M3; train au départ de Waterloo ou car National Express depuis Victoria

Stratford-upon-Avon Cette charmante ville au bord de l'Avon, avec ses maisons médiévales, mérite une visite, mais la plupart des gens viennent ici pour ses associations avec Shakespeare. Celui-ci naquit dans une demeure à colombages sur Henley Street, aujourd'hui un petit musée. Au fil de l'itinéraire shakespearien, vous verrez aussi Nash's House, sur Chapel Street, dont le parc abrite les restes de la dernière demeure de l'écrivain, et Holy Trinity Church, où Shakespeare est enterré. La meilleure manière de terminer la journée est d'assister à une représentation de l'une des pièces du dramaturge au Royal Shakespeare Theatre. • **Informations et réservations pour le théâtre** ☎ **0844 800 11 10** • A 145 km au nord-ouest de Londres par la M40 et la A46; train direct depuis Marylebone, car National Express depuis Victoria

Windsor Castle Guillaume le Conquérant dressa ici la première forteresse en terre et en bois; les monarques suivants la reconstruisirent en pierre, l'agrandirent et l'embellirent. Mais c'est la reine Victoria qui donna au château son visage romantique. Ce serait la résidence favorite de l'actuelle souveraine. Commencée en 1481, la chapelle Saint-Georges, où sont inhumés dix monarques, est un chef-d'œuvre de l'art gothique perpendiculaire anglais aux voûtes en éventail. Les State Apartments sont toutefois moins spectaculaires que la maison de poupées de la reine Mary, un palais méticuleusement reproduit à l'échelle par Sir Edward Lutyens. Depuis la gare de Windsor, une navette rejoint Legoland, qui fera sans doute la plus grande joie de vos enfants. • **Mars à octobre:** tous les jours de 9h45 à 17h15 (dernière entrée à 16h); **novembre à février:** tous les jours de 9h45 à 16h15 (dernière entrée à 15h) ☎ 01 753 831 118 • Windsor, Berkshire, à 50 km à l'ouest de Londres par la M4; train au départ de Paddington ou car Green Line depuis Victoria (Eccleston Bridge)

Woburn Abbey La demeure du XVIIIe siècle du duc de Bedford fut bâtie à l'emplacement d'un monastère cistercien, d'où son nom d'abbaye. Dans les salles, vous admirerez une collection de portraits de la période Tudor, des toiles de Vélasquez, de Rembrandt et de Canaletto. Une grande partie de la propriété est occupée par un Safari Park, que l'on visite en voiture, car rhinocéros, lions et tigres y rôdent en liberté. • **Abbaye:** de Pâques à septembre, tous les jours de 11h à 17h30; octobre, le week-end de 10h à 17h (dernière entrée à 16h). Le domaine et le parc aux daims ferment à 16h durant l'hiver ☎ 01 525 290 333 • Woburn, Bedfordshire, à 100 km au nord de Londres par la M1, sortie 12 ou 13; train au départ de Euston jusqu'à Flitwick, puis taxi

EN BALADE: EXCURSIONS

Depuis la station d'Archway, grimpez Highgate Hill, au nord-ouest, jusqu'à **Highgate**, qui conserve l'atmosphère d'un village élégant. A hauteur de High Street, tournez à gauche dans South Grove puis à gauche encore à Swain's Lane. Descendez la rue jusqu'au **Highgate Cemetery**. L'East Cemetery est ouvert au public et abrite les tombes de George Eliot et de Karl Marx, dont le désir d'une sépulture simple fut ignoré lors de la mise en place de l'immense buste en 1954. Envahi par la végétation et un peu sinistre, le West Cemetery fait l'objet de visites guidées uniquement. Jetez un coup d'œil au parc voisin, **Waterlow Park**, un jardin paysager qui accueille Lauderdale House, d'époque élisabéthaine, et son charmant café.

Revenez à South Grove et tournez à gauche. A quelques blocs sur votre droite vous arrivez à **The Grove**, la rue la plus élégante de Highgate où vécurent jadis Yehudi Menuhin (N° 2), le poète Samuel Taylor Coleridge (au N° 3) et le peintre Roger Fry (N° 6). Continuez sur cette rue et tournez à gauche dans Hampstead Lane, qui conduit à la splendide étendue de **Hampstead Heath**. Une balade à travers ses 324 ha est toujours stimulante. Restez dans la partie nord du Heath pour atteindre **Kenwood House**, un manoir du XVIIe siècle transformé par Robert Adam au siècle suivant. La demeure abrite désormais l'Iveagh Bequest et sa collection de peintures de Rembrandt, Vermeer et Van Dyck. Traversez le Heath vers le sud jusqu'à **Parliament Hill**, d'où la vue sur Londres est spectaculaire.

Parliament Hill domine **Hampstead Village** qui, à l'instar de Highgate, a conservé son atmosphère de village indépendant. Descendez du Heath sur la route de Parliament Hill, tournez à droite dans South End Road puis à gauche dans Keats Grove pour atteindre **Keats House**. C'est là que vécut le poète romantique John Keats de 1818 à 1820 et qu'il écrivit *Ode à un rossignol* sous le prunier du jardin. De là, poursuivez jusqu'à Rosslyn Hill et montez à droite vers le centre de Hampstead, puis prenez à gauche au carrefour dans Heath Street. En face part une petite route appelée **Church Row**, universellement reconnue comme la plus jolie de Hampstead avec ses demeures préservées du XVIIIe siècle. Depuis Church Row, gagnez **Holly Walk** pour prendre un verre au Holly Bush, un pub du XVIIe siècle et l'un des derniers bastions du charme rural dans la grande ville.

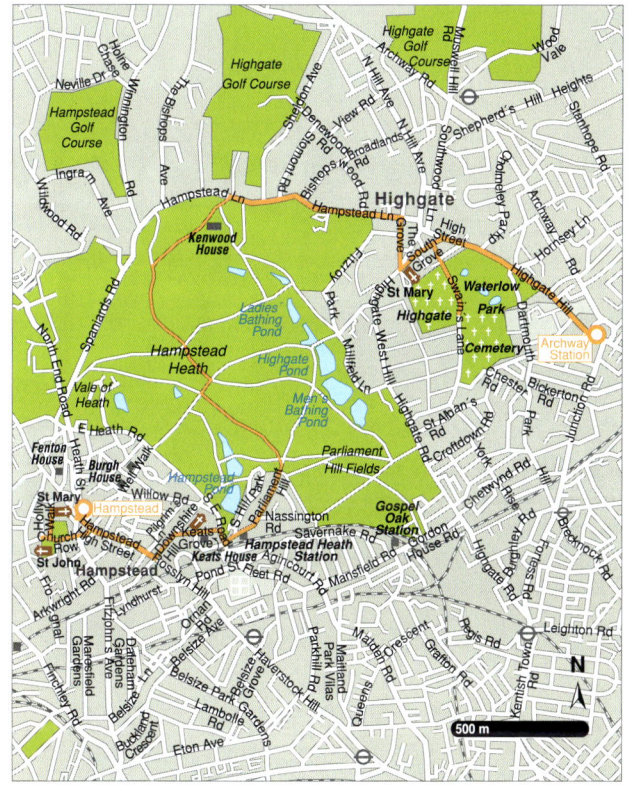

DE HIGHGATE À HAMPSTEAD

Une atmosphère villageoise à quelques pas de la ville

Départ: ⊖ Archway **Arrivée:** ⊖ Hampstead

A table

Cosmopolite, Londres propose des spécialités du monde entier. La «cuisine à l'eau» appartient au passé: pour accompagner votre repas, on vous proposera une bonne carte des vins. Nous présentons ici des restaurants qui offrent un excellent rapport qualité-prix, plus quelques extravagances destinées aux occasions spéciales. Nous vous indiquons aussi un choix des tea-rooms et pubs les plus populaires.

La plupart des heures de fermeture données ci-dessous correspondent en fait à l'heure de la dernière commande. Notez que de nombreux établissements sont fermés le week-end. Les prix sont indiqués comme suit:

1 = raisonnable (en dessous de £25);

2 = moyen (£35–£50);

3 = cher (en dessus de £50).

LA CITY

Café Below
⊖ St Paul's
St Mary-le-Bow,
Cheapside, EC2
☎ 7329 07 89
Lundi à vendredi
de 7h30 à 21h
[1]
Ce café situé dans
l'ancienne crypte de
l'église St Mary-le-Bow
sert des soupes, des
sandwichs et des ragoûts.

St John
⊖ Farringdon
26 St John Street, EC1
☎ 7251 08 48
Bar: lundi à vendredi de
11h à 23h, samedi dès
18h; restaurant: lundi à
vendredi de midi à 15h
et de 18h à 23h, samedi
de 18h à 23h, dimanche
de 13h à 15h30
[1]
La meilleure introduction
possible à la cuisine
anglaise traditionnelle.

Top Floor at Smiths
⊖ Farringdon
67–77 Charterhouse
Street, EC1
☎ 7251 79 50
Lundi à vendredi de midi
à 14h45 et de 18h à
22h45, samedi de 18h30
à 22h45, dimanche de
12h30 à 15h45 et de 19h
à 22h30
[1]

Spécialités de steak; aussi
menus végétariens et
plats de poisson. Au rez-
de-chaussée, le restaurant
propose petits-déjeuners,
salades et sandwiches.

**Ye Olde Cheshire
Cheese**
⊖ Blackfriars
145 Fleet Street, EC4
☎ 7353 61 70
Lundi à vendredi de midi
à 23h (cuisine jusqu'à
20h), samedi de midi à
15h et de 17h30 à 23h
(cuisine jusqu'à 20h),
dimanche de midi à 15h
[1]
Célèbre resto-pub du
XVIIe siècle.

WEST END

Andrew Edmunds
⊖ Oxford Circus
46 Lexington Street, W1
☎ 7437 57 08
Lundi à vendredi 12h30–
15h et 18h–22h45,
samedi 13h–15h et
18h–22h45, dimanche
13h–15h et 18h–22h30
[2]
Cuisine européenne
moderne, bons vins.

Bentley's
⊖ Piccadilly Circus
11–15 Swallow St, W1
☎ 7734 47 56
Lundi à samedi midi–
23h, dimanche midi–22h
[2]

Bar à huîtres et à
champagne, avec
brasserie plus formelle à
l'étage.

Boudin Blanc
⊖ Green Park
5 Trebeck Street, W1
☎ 7499 32 92
Tous les jours de midi à
15h et de 18h à 23h
[2]
Cuisine française.

Claridge's
⊖ Bond Street
Brook Street, W1
☎ 7629 88 60
Thé servi tous les jours
de 14h30 à 17h30
[1] –[3]
Très «classe», avec un
somptueux high tea. Tenu
par le chef Ramsay.
Réservation indispensable.

Criterion
⊖ Piccadilly Circus
224 Piccadilly, W1
☎ 7930 04 88
Lundi à samedi midi–
14h30 et 17h30–23h30;
dimanche midi–15h30 et
17h30–22h30
[2] –[3]
Un décor néo-byzantin
pour l'une des meilleures
expériences culinaires de
Londres.

**Franco's Ristorante
Pizzeria**
⊖ Piccadilly Circus
30 Rupert Street, W1

☎ 7734 94 15
Lundi à samedi de midi à 1h, dimanche jusqu'à 23h30
[1]
Cuisine italienne; situé à l'écart de Shaftesbury Avenue, près de plusieurs théâtres; excellent rapport qualité-prix.

Gaucho Piccadilly
⊖ Piccadilly Circus
25 Swallow Street, W1
☎ 7734 40 40
Lundi à samedi de midi à minuit, dimanche de midi à 23h
[2]
Populaire et animé; sert des steaks énormes et des vins sud-américains.

Greenhouse
⊖ Green Park
27a Hay's Mews (par Hill St), W1
☎ 7499 33 31
Lundi à vendredi de midi à 14h30 et de 18h45 à 23h, samedi de 18h45 à 23h
[3]
Cuisine traditionnelle anglaise actualisée.

Museum Tavern
⊖ Tottenham Court Road
49 Great Russell St, WC1
☎ 7242 89 87
Lundi à samedi 11h–23h, dimanche midi–22h30
[1]

Entre deux chapitres du *Capital*, qu'il écrivait au British Museum, Karl Marx venait se désaltérer dans ce pub. Les portes de l'époque victorienne ont conservé leurs panneaux en verre gravé. Bières authentiques, *fish and chips*.

New World
⊖ Leicester Square
1 Gerrard Place, W1
☎ 7734 06 77
Lundi à vendredi de midi à 23h, samedi de 11h à minuit, dimanche de 11h à 23h
[1] – [2]
Une institution de Chinatown. De 11h à 17h45, buffet chinois; dès 18h, service normal.

Ritz Hotel
⊖ Green Park
Piccadilly, W1
Services à 11h30, 13h30, 15h30 17h30 et 19h30
Réservation indispensable:
☎ 7493 81 81 ou tea@theritzlondon.com
[1] – [2]
Tea-time au Palm Court. Un rendez-vous brillant et apprécié. Cravate et veston pour les messieurs.

Rules
⊖ Covent Garden ou Charing Cross
35 Maiden Lane, WC2
☎ 7836 53 14

PETIT-DÉJEUNER

Dans les hôtels londoniens, le petit-déjeuner est une véritable institution que n'a pu ébranler aucune influence continentale ou étrangère. Œufs frits ou brouillés, saucisses, bacon, fricassée de champignons, tomates frites, toasts, beurre et confiture le composent traditionnellement. Le tout parfois précédé de porridge, d'un demi-pamplemousse ou de cornflakes, et arrosé de plusieurs tasses de thé. Un petit-déjeuner de fête comprend même du hareng fumé *(kipper)* ou du *kedgeree* (haddock fumé, riz, champignons et crème).

Lundi à samedi de midi à 23h30, dimanche jusqu'à 22h30
☐2
Fondé en 1798, c'est l'endroit idéal pour un repas anglais traditionnel.

Sherlock Holmes
⊖ Charing Cross
10 Northumberland Street, WC2
☎ 7930 26 44
Lundi à jeudi de midi à 15h et de 17h30 à 22h, vendredi à dimanche de midi à 22h
☐1
Tout ici rappelle Holmes; en haut, reconstitution du 221b Baker Street et salle à manger.

Simpson's-in-the-Strand
⊖ Covent Garden ou Aldwych
100 Strand, WC2
☎ 7836 91 12
Lundi à samedi de 12h15 à 14h45 et de 17h45 à 22h45, dimanche de 12h15 à 15h et de 18h à 21h
☐1 –☐2
Toute une légende rien que pour son repas de midi; fréquenté jadis par Gladstone, Dickens et Bernard Shaw. Sert des spécialités typiquement anglaises comme la selle d'agneau ou le rosbif depuis 1828.

Thai Pot
⊖ Leicester Square
1 Bedfordbury, WC2
☎ 7379 45 80
Lundi à samedi de midi à 15h et de 17h30 à 23h15
☐1
De la bonne cuisine thaïlandaise, pour un bon rapport qualité-prix.

Yoshino
⊖ Piccadilly Circus
3 Piccadilly Place, W1
☎ 7287 66 22
Lundi à samedi de midi à 22h
☐1
Dans une ruelle en face de St James's Church, plats japonais délicieux et authentiques à des prix raisonnables.

WESTMINSTER

Ark
⊖ Notting Hill Gate
122 Palace Gardens Terrace, W8
☎ 7229 40 24
Tous les jours de midi à 15h et de 18h30 à 23h (fermé dimanche soir et lundi midi)
☐2
Cuisine italienne et plats végétariens.

Bibendum Oyster Bar
⊖ South Kensington
Michelin House,
81 Fulham Road, SW3
☎ 7589 14 80

Thai Pot

Lundi à samedi de midi à 23h, dimanche jusqu'à 22h30
☐2
Le royaume des coquillages; dans un ancien garage Michelin.

Blue Elephant
⊖ Fulham Broadway
4 Fulham Broadway, SW6
☎ 7385 65 95
Tous les jours de midi à 14h30; lundi à jeudi de 19h à 23h30, vendredi et samedi de 18h30 à 23h30, dimanche de 18h30 à 22h30
☐3
Cuisine thaïlandaise spectaculaire dans un décor de jungle tropicale.

Bombay Brasserie
⊖ Gloucester Road
Courtfield Close, Courtfield Road, SW7
☎ 7370 40 40
Lundi à samedi de midi à 15h et de 19h à 23h30, dimanche de midi à 15h et de 19h à 22h30
☐2 –☐3
Meilleure cuisine indienne régionale. Décor chic.

Chutney Mary
⊖ Fulham Broadway
535 King's Road, SW10
☎ 7351 31 13
Lundi à vendredi de 18h30 à 23h, samedi de 12h30 à 14h30 et de 18h à 23h, dimanche de 12h30 à 15h et de 18h30 à 22h30
[2]
Spécialités indiennes; curries préparés à la demande. Brunch sur fond de jazz le dimanche.

Cinnamon Club
⊖Westminster/
St James's Park
30–32 Great Smith St, SW1
☎7222 25 55
Lundi à samedi de midi à 14h45 et de 18h à 22h45
[2]–[3]
Installé dans la Old Westminster Library; cuisine à l'accent indien où se mêlent des ingrédients anglais de qualité et des épices asiatiques.

Clarke's
⊖ Notting Hill Gate
124 Kensington Church Street, W8
☎ 7221 92 25
Déjeuner: lundi à vendredi et dimanche de 12h30 à 14h, samedi dès 11h; dîner: lundi à samedi de 18h30 à 22h
[2]

Bibendum Oyster Bar

Cuisine anglaise moderne, qui met l'accent sur les produits organiques. Salle aérée et lumineuse.

Geales
⊖ Notting Hill Gate
2 Farmer Street, W8
☎ 7727 75 28
Tous les jours de midi à 14h30 et de 17h à 22h30
Fermé le lundi midi
[1]
Fish and chips.

Gordon Ramsay
⊖ Sloane Square ou South Kensington
68–69 Royal Hospital Road, SW3
☎ 7352 44 41
Réserver au moins trois mois à l'avance.
Lundi à vendredi de midi à 14h30 et de 18h30 à 23h
[3]
Toute grande cuisine concoctée par le chef Gordon Ramsay aux trois étoiles Michelin.

Ken Lo Memories of China
⊖ Victoria
67–69 Ebury Street, SW1
☎ 7730 77 34
Lundi à samedi de midi à 14h30 et de 19h à 23h, dimanche de midi à 14h30 et de 19h à 22h30
[2]
Excellente cuisine chinoise dans un cadre moderne et lumineux.

Kensington Place
⊖ Notting Hill Gate
201–205 Kensington Church Street, W8
☎ 7727 31 84
Lundi à vendredi de midi à 15h30, samedi et dimanche de 11h à 15h, ainsi que lundi à jeudi de 18h30 à 22h30, vendredi et samedi de 18h30 à 23h et dimanche de 18h30 à 22h
[2]
Cuisine éclectique et moderne. Clientèle chic, mais bruyante. Le repas de midi est d'un excellent rapport qualité-prix.

Marcus Wareing at the Berkeley
⊖Knightsbridge
Wilton Place, SW1
☎7235 12 00
Réservation indispensable
Lundi à vendredi de midi à 14h30. Dîner: lundi à samedi de 18h à 23h
[3]
Dans ce restaurant étoilé par le guide Michelin, l'accent est mis sur les

produits régionaux
et de saison.

Simply Lebanese
⊖ South kensington
68 Old Brompton Road
SW7
☏ 7584 58 05
Lundi à samedi
de midi à 23h,
dimanche jusqu'à 22h
[2]
Cuisine libanaise,
portions généreuses.

Wodka
⊖ High Street
Kensington
12 St Alban's Grove, W8
☏ 7937 65 13
Déjeuner: mercredi à
vendredi de midi à 15h;
dîner: lundi à samedi de
18h à 23h, dimanche de
18h à 22h30
[2]
Cuisine polonaise raffinée
et grand choix de vodkas.

Zafferano
⊖ Knightsbridge
16 Lowndes Street, SW1
☏ 7235 58 00
Déjeuner: lundi à
vendredi de midi à
14h30, samedi et
dimanche de 12h30 à
15h; dîner: lundi à
samedi de 19h à 23h;
dimanche jusqu'à 22h30
[2]
Excellente cuisine
italienne dans le quartier
chic de Belgravia.

SOUTH BANK

Blue Print Café
⊖ Tower Hill
28 Shad Thames, SE1
☏ 7378 70 31
Lundi à samedi de midi à
15h et de 18h à 23h,
dimanche de midi à 16h
[2]
Cuisine britannique
contemporaine, avec vue
sur les quais. Réserver à
l'avance pour une place
en terrasse ou le long des
baies vitrées.

Butlers Wharf
Chop House
⊖ Tower Hill
38e Shad Thames, SE1
☏ 7403 34 03
Tous les jours de midi à
15h, ainsi que lundi à
samedi de 18h à 23h,
dimanche de 18h à 22h
[2]
Brasserie anglaise
traditionnelle au bord de
la Tamise.

George Inn
⊖ London Bridge
77 Borough High St, SE1
☏ 7407 20 56
Lundi à samedi de midi
à 21h, dimanche
jusqu'à 17h
[1]
Ancien relais de poste
avec galeries extérieures.
Service dans la cour, où se
jouent parfois en été des
pièces de Shakespeare.

Livebait
⊖ Waterloo ou
Southwark
43 The Cut, SE1
☏ 7928 72 11
Lundi à samedi de midi
à 23h, dimanche de
12h30 à 21h
[2]
Bien connu des
gastronomes; spécialisé
dans le poisson.

Oxo Tower Restaurant
⊖ Waterloo ou
Blackfriars
Oxo Tower Wharf,
Barge House Street, SE1
☏ 7803 38 88
Lundi à vendredi de
midi à 14h30 et de 18h à
23h, samedi de midi à
14h30 et de 17h30 à
23h, dimanche de midi à
15h et de 17h30 à 23h
[2]
Vue fantastique sur
Londres depuis le
8e étage. Bonne cuisine
internationale.

Roast
⊖ London Bridge
The Floral Hall, Borough
Market, Stoney St, SE1
☏ 7940 13 00
Déjeuner: lundi et mardi
de midi à 14h45,
mercredi à vendredi de
midi à 15h45, samedi
de 12h15 à 15h45,
dimanche de
11h30 à 18h.
Dîner: lundi à vendredi

de 17h30 à 22h30,
samedi de 18h à 22h30
1 – 2
Excellents plats de viande
– canard, poulet, bœuf,
agneau, etc.

EAST END ET DOCKLANDS

Cafe Spice Namaste
↔ Tower Hill
16 Prescot Street, E1
☎ 7488 92 42
Lundi à vendredi de midi
à 15h et de 18h15 à
22h30, samedi
de 18h30 à 22h30
1 – 2
Cuisine indienne
somptueuse servie dans
un décor agréable.

Lahore Kebab House
↔ Whitechapel
2 Umberston Street, E1
☎ 7481 97 37
Tous les jours
de 11h30 à 1h
1
Recettes traditionnelles
comme de succulentes
brochettes dans cet
authentique restaurant
pakistanais. Sans alcool.

The North Pole
Train jusqu'à Greenwich
131 Greenwich High
Road, SE10
☎ 8853 30 20
Bar: lundi à samedi
midi–minuit, dimanche
21h–23h30.
Restaurant: lundi à
samedi 18h30–22h30,
dimanche 12h30–22h
1 – 2
Le restaurant, situé
au-dessus du pub, sert
une cuisine continentale
de qualité.

Prospect of Whitby
↔ Wapping
57 Wapping Wall, E1
☎ 7481 10 95
Lundi à samedi de 11h30
à 23h, dimanche de midi
à 22h30; cuisine: tous les
jours de midi à 21h30
1
L'un des pubs historiques
et littéraires de Londres,
avec une cour pavée, un
bar élisabéthain en étain
et une vue sur la rivière.

AU BORD DE L'EAU

Lorsqu'il fait beau, quoi de plus agréable que de boire un verre ou se restaurer au bord de l'eau ? Voici quelques établissements des rives de la Tamise :
Anchor Bankside, 34 Park Street, SE1; ↔ London Bridge.
Blue Print Café, voir p. 92.
Butlers Wharf Chop House, voir p. 92.
Dickens Inn, St Katharine's Way, E1; ↔ Tower Hill.
Doggett's Coat and Badge, 1 Blackfriar's Bridge, SE1; ↔ Blackfriars.
Duke's Head, 8 Lower Richmond Road, SW15; ↔ Putney Bridge.
Founder's Arms, Bankside, SE1; ↔ London Bridge.
Old Thameside Inn, Pickfords Wharf, SE1; ↔ London Bridge.
Pont de la Tour, Butlers Wharf, SE1; ↔ Tower Hill.
Prospect of Whitby, voir ci-dessus.
Quayside Restaurant, 1 St Katharine's Way, E1; ↔ Tower Hill.
Skylon, Royal Festival Hall, SE1; ↔ Waterloo.
The Grapes, Narrow Street, E14; DLR: Westferry.
Trafalgar Tavern, Park Row, SE10; DLR: Cutty Sark.

E DREAM · ONE VISION

WE WILL R

THE MUSICAL BY QUEEN AND Ben Elton   DOMIN

LEICESTER SQUAR
THE OFFICIAL HA
& DISCOUN
AND FULL PRICE ALL SUBJE

...Elton

CE
L
OTH
CKETS
ABILITY ON THE DAY

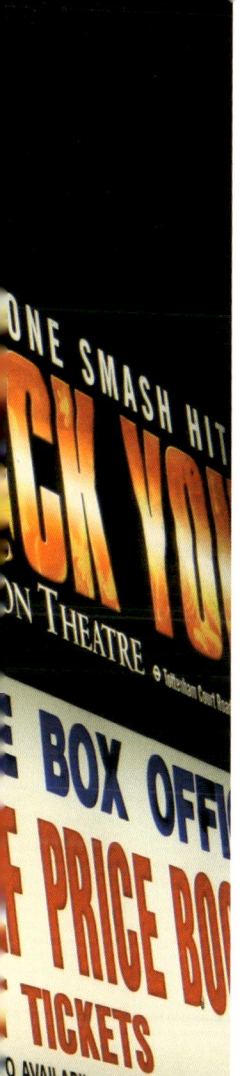

Spectacles et loisirs

La capitale britannique brille dans les domaines du théâtre, de l'opéra, de la danse, des films, des concerts et des expositions. Pour connaître le programme en détail, feuilletez les agendas culturels *Time Out* et *What's On* ou consultez le site Internet: www.visitlondon.co.uk.

Il n'est jamais facile d'obtenir des billets pour les spectacles et concerts les plus courus: réservez le plus longtemps possible avant votre séjour à Londres, surtout en haute saison touristique. Votre agence de voyages peut vous y aider. Vous pouvez également consulter un journal londonien et téléphoner au bureau des réservations. Pour des informations sur les billetteries agréées et les billets à prix réduit, reportez-vous à la page 97 (encadré).

SALLES DE SPECTACLES

Barbican Arts Centre
⊖ Barbican
Barbican Centre, EC2
☎ 7638 88 91 (réservations),
☎ 7638 41 41 (renseignements)
Siège du London Symphony Orchestra, ce centre est un véritable labyrinthe de salles de concert et de théâtres, reliés à plusieurs immeubles résidentiels et de bureaux. Il propose des concerts, des pièces de théâtre, des films et des expositions – et organise en outre des activités destinées aux enfants durant le week-end.

London Coliseum
⊖ Leicester Square
St Martin's Lane, WC2
☎ 0871 911 02 00
Siège de l'English National Opera. Les places y sont beaucoup moins chères que celles de la Royal Opera House, mais les représentations sont normalement données en anglais, ce qui peut en dissuader certains.

Royal Academy of Arts
⊖ Piccadilly Circus ou Green Park
Burlington House, Piccadilly, W1
☎ 7300 80 00
Importantes expositions artistiques temporaires. L'Académie est renommée surtout pour sa Summer Exhibition annuelle, une exposition estivale (juin–août) rassemblant un millier d'artistes; les œuvres exposées sont mises en vente.

Royal Albert Hall
⊖ South Kensington
Kensington Gore, SW7
☎ 0845 401 50 45 (réservations)
Nombreux concerts en tous genres, dont les plus célèbres sont les Promenade Concerts (les «Proms»), de juillet à septembre, consacrés aux grands noms de la musique classique. Les prix sont très bas si vous acceptez de rester debout.

Royal Opera House
⊖ Covent Garden
Bow Street, WC2
☎ 7304 40 00
Les compagnies du Royal Opera et du Royal Ballet égrènent leurs répertoires classiques et modernes dans des locaux remis à neuf. Le nouvel auditorium propose parfois des représentations gratuites aux heures des repas. Une terrasse publique surplombe la Piazza. Il est possible de visiter les coulisses à 10h30, 12h30 et 14h30 (sauf les dimanches ou lors des matinées).

Sadler's Wells
⊖ Angel
Rosebery Avenue, EC1
☎ 0844 412 43 00
Berceau du Royal Ballet et de l'Opéra national, ce théâtre présente des spectacles de danse, opéra et opéra lyrique innovateurs et de grande qualité.

South Bank Centre
⊖ Waterloo ou Embankment
South Bank, SE1
☎ 7452 3000 (Royal National Theatre)
☎ 0871 663 25 00 (salles de concerts)
Le plus vaste centre artistique d'Europe occidentale regroupe le Royal National Theatre avec deux théâtres (Olivier et Lyttelton), trois salles de concert (Royal Festival, Queen Elizabeth, Purcell Room), le National Film Theatre et la Hayward Gallery. La qualité des spectacles et expositions présentés au bord de la Tamise fait oublier l'architecture massive des lieux.

SPECTACLES ET LOISIRS

BOÎTES DE NUIT

Dans les endroits branchés de la nuit, la musique et les codes vestimentaires changent sans cesse. Des soirées spéciales réservées aux femmes ou aux homosexuels peuvent également avoir lieu. Il est conseillé de téléphoner au préalable pour connaître le programme. Les plus célèbres des clubs privés vous seront systématiquement fermés, à moins que vous ne soyez accompagné par un membre ou que vous ayez pu en négocier l'entrée avec le concierge de votre hôtel. Les adresses suivantes sont les plus courantes acceptant le grand public.

Comedy Store
↔ Piccadilly Circus
Haymarket House,
Oxendon Street, SW1
☎ 0844 871 76 99
Une sorte de café-théâtre où huit ou neuf comiques vous amuseront pendant deux heures et demi. De célèbres comédiens anglais ont débuté sur ces planches.

Dingwalls Comedy Club
↔ Camden Town
Middle Yard,
Camden Lock, NW1
☎ 7428 59 29
www.dingwalls.com
Dans un ancien entrepôt reconverti, musique d'un soir du lundi au jeudi, spectacle et danse vendredi et samedi, Heavy Metal le dimanche.

EGG
↔ King's Cross
200 York Way, N7
☎ 07402 579 233
Ouvert 24h/24 et proposant la house, la techno et l'électro les plus en vogue à l'heure actuelle dans la capitale, EGG a fait de King's Cross un endroit incontournable de la vie nocturne londonienne.

Fabric
↔ Farringdom
77a Charterhouse Street, EC11
☎ 7336 88 98
Proche du marché de Smithfield, ce club gigantesque propose différents styles de musique: house, hip-hop, electro et techno.

The Fridge
↔ Brixton
Town Hall Parade,
Brixton Hill, SW2
☎ 7326 51 00
Grand dancing attirant une foule pluriethnique.

POUR RÉSERVER UNE PLACE

Le bureau de Visit London et les centres d'information sur les transports londoniens peuvent vous procurer des billets. Vous pouvez aussi vous adresser à une billetterie agréée: Ticketmaster,
☎ 0844 4999 999,
depuis l'étranger:
☎ (0161) 385 21 11
www.ticketmaster.co.uk
Keith Prowse Ticketing,
☎ 0844 209 03 82,
www.keithprowse.com.
Si vous avez du temps et de l'énergie, faites la chasse aux billets à prix réduit. Ceux pour la représentation du jour sont mis en vente le matin. Les étudiants peuvent obtenir des places debout à bas prix juste avant le lever de rideau. Venez tôt et préparez-vous à faire la queue. Enfin, la Society of West End Theatres (SWET) a une guérite sur Leicester Square qui vend des billets à prix réduits pour les représentations du jour. Ouvert à midi pour les matinées et les soirées.

Trance-techno pour hétéros le vendredi, grand spectacle gay le samedi.

Heaven
⊖ Charing Cross ou Embankment
Under the Arches, Villiers Street, WC2
☎ 7930 20 20
Lundi, mercredi de 22h30 à 3h, samedi jusqu'à 5h30. Ouvert parfois le vendredi
La plus grande et connue des discos gay de la capitale. Célèbre pour ses soirées du samedi.

Jazz Café
⊖ Camden Town
5 Parkway, NW1
Informations:
☎ 0207 485 68 34
Vente de billets:
www.jazzcafe.co.uk, boxoffice@jazzcafe.co.uk
ou ☎ 844 847 25 14
Jazz, funk et soul dans une banque reconvertie en bar.

Koko
⊖ Camden Town
1a Camden High St, NW1
☎ 0870 0603 777
pour les tickets et les réservations
Cet ancien théâtre au décor d'Opéra est l'une des scènes rave les plus branchées de la capitale.

Ministry of Sound
⊖ Elephant & Castle
103 Gaunt Street, SE1
☎ 0870 0600 010
Le Ministry of Sound, connu dans le monde entier, est le superclub du moment. Il possède sa propre station de radio et son label de musique.

Roadhouse
⊖ Covent Garden
The Piazza, Covent Garden WC2
☎ 7240 60 01
Bar, restaurant, concerts, DJs. L'entrée est libre du dimanche au jeudi avant 22h, le vendredi avant 21h et le samedi avant 19h.

Ronnie Scott's
⊖ Leicester Square ou Piccadilly Circus
47 Frith Street, W1
☎ 7439 07 47
L'ancêtre des boîtes de jazz londoniennes, où tous les plus grands se sont produits.

Stringfellows
⊖ Leicester Square
16–19 Upper St Martins Lane, WC2
☎ 7240 55 34
Glamour. Parfois quelques célébrités à remarquer sur la piste de danse en verre. On s'habille chic. Table-dancing la semaine et disco le samedi.

SPECTACLES EN PLEIN AIR

Holland Park Open Air Theatre
⊖ High Street Kensington
Holland Park, Kensington High Street, W8
☎ 0207 361 35 70
En plein air, 600 places protégées des intempéries par un dais; opéra, théâtre et ballet. La saison couvre les mois de juin à août.

Kenwood House
⊖ Golders Green ou Archway, puis bus 210
Hampstead Lane, NW3
☎ 8233 74 35
Réservations (Ticketmaster):
☎ 0870 154 40 40
Les samedis soir d'été, concerts ou opéras au bord du lac; parfois avec feu d'artifice. Des chaises longues sont disponibles. La réservation est indispensable.

Regent's Park Open Air Theatre
⊖ Baker Stree ou Regent's Park
☎ 0844 826 4242
Théâtre en plein air de fin mai à début septembre: on y joue plutôt du classique, comme par exemple Shakespeare ou Shaw. Réservez plusieurs semaines à l'avance.

LONDRES À L'ÉCRAN

Pour les producteurs de cinéma, Londres a souvent figuré un écran vide où projeter leur propre image de la ville. Dans les années 1950, son brouillard à couper au couteau et ses sombres ruelles offraient une métaphore d'états psychologiques torturés dans des films comme *Les Forbans de la nuit* (*Night and the city*) de Jules Dassin. Dans le même temps, des réalisateurs locaux travaillant pour les fameux studios Ealing se rendaient compte que le sentiment de stagnation et le désespoir tranquille du Londres d'après-guerre pouvaient idéalement être exploités dans des comédies telles que *De l'or en barres* (*The Lavender Hill Mob*) ou *Tueurs de Dames* (*The Ladykillers*). Dans les décennies suivantes, Londres a continué d'avoir à l'écran une présence aussi forte que celle des acteurs célèbres des films qui s'y déroulent.

Les Swinging Sixties

Une avalanche de films apparut dans les années 1960, profitant de la soudaine élection de Londres comme ville la plus «cool» du monde. Cela va de *Here we Go Round the Mulberry Bush* (1967) – que l'on peut sans autre oublier – au cynique et rusé *Alfie le dragueur* (*Alfie*, 1966) dont la vedette est l'acteur cockney préféré de Hollywood, Michael Caine, jouant un coureur de jupons invétéré. Et la musique pop étant à la base du «Swinging London», rien d'étonnant à ce que le premier film des Beatles, *Quatre garçons dans le vent* (*A Hard Day's Night*, 1964) ait été tourné dans Londres, montrant les «Fab Four» dans tous les coins de la capitale, de Marylebone Station au chemin de halage bordant la Tamise à Kew.

Néanmoins, certains des films les plus intéressants de cette période interpellent l'image d'hédonisme insouciant caractérisant Londres. Les divisions sociales et les injustices récurrentes du système de classes sont bien présentes dans *Up the Junction* (1967), de Peter Collinson, qui se passe dans le quartier ouvrier de Clapham Junction dans le sud de la capitale.

Toutefois, les commentaires les plus puissants sur cette période sont peut-être fournis par deux films d'art et d'essai. *Blow Up* (1966), de l'Italien Michelangelo Antonioni – avec notamment Vanessa Redgrave, David Hemmings et... Jane Birkin – s'ouvre sur le photographe-héros confronté à un meurtre éventuel après une séance photo dans un parc (en fait Maryon Wilson Park à Charlton, dans le sud-est de Londres, où le réalisateur a fait peindre les chemins en noir et l'herbe en un vert plus vif pour rehausser l'effet) et oppose ensuite un sombre et violent contrepoint à la ville qui semble parfois n'être peuplée que de gens riches et beaux en chemises à fleurs. Dans le film de Nicolas Roeg, *Performance* (1970) avec James Fox et l'emblème de la pop des sixties Mick Jagger, les deux personnages principaux finissent dans un sous-sol de Notting Hill (tourné en fait à Powys Square dans le quartier de Bayswater), échappant à la réalité menaçante du monde extérieur pour quelque chose de plus préoccupant encore à l'intérieur, alors que l'optimisme des Swinging Sixties sombre dans un cauchemar induit par la drogue.

Un kaléidoscope d'images

Depuis les années 1960, les films tournés à Londres ont suivi plusieurs pistes différentes. Il y a ce que l'on peut appeler la vue carte postale de Londres, mettant en avant ses lieux les plus glamour et ses sites historiques. Ainsi, même un film de gangsters de l'East End comme *The Long Good Friday* de John Mackenzie (1979) n'hésite pas à placer ses personnages dans divers endroits touristiques du West End, notamment le Savoy Hotel sur le Strand, d'où Bob Hoskins, qui joue le chef de gang, est kidnappé dans un taxi noir lors de la scène finale.

Un film plus fleur bleue – au succès énorme – fut écrit par Richard Curtis: dans *Coup de foudre à Notting Hill* (*Notting Hill*, 1999), il réunit une star du box-office américain, Julia Roberts, et un acteur britannique de premier plan, Hugh Grant, dans le décor improbable d'une librairie de la pittoresque Portobello Road (c'est au N° 142, bien que la boutique soit en fait un magasin de meubles).

Il va de soi que ce type de films ignore presque totalement la situation complexe et multiculturelle de Londres au début du XXIe siècle. *Dirty Pretty Things* (2002) de Stephen Frears donne néanmoins une vision plus contrastée. Le style urbain réaliste et acerbe du film dépeint la capitale à travers le regard d'immigrés clandestins venus du monde entier, ceux-là même qui font fonctionner la ville en conduisant ses minicabs et en travaillant comme nettoyeurs et comme portiers de nuit dans de nombreux hôtels. Le foyer d'hôtel que l'on voit durant tout le film, cependant, est en fait l'entrée de l'Hôtel de Ville de Wandsworth, dans le sud-est de Londres. *My Beautiful Laundrette* (1985), du même réalisateur, traite quant à lui de l'homosexualité et du racisme à travers l'histoire d'un jeune émigré pakistanais pendant les années Thatcher.

Malheureusement, la paranoïa urbaine du XXIe siècle est aussi un aspect de la vie dans une grande ville, comme le décrit Danny Boyle dans *28 jours plus tard* (*28 Days Later*, 2002): un virus mortel a rendu Londres étrangement silencieux. Une scène montre un bus à deux étages couché sur le côté sur Whitehall vide et des articles de souvenir éparpillés sur un Westminster Bridge désolé incarnent cette vision apocalyptique de la ville – bien qu'il faille reconnaître que c'est probablement l'unique fois où vous apercevrez ces endroits au cœur de Londres sans des hordes de gens cachant la vue...

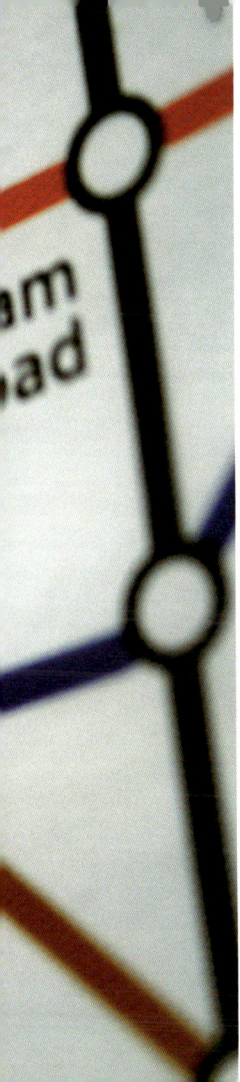

Le côté pratique

Argent	104
Bureaux de poste	104
Climat	104
Conduite automobile	104
Courant électrique	105
Fêtes et jours fériés	105
Formalités d'entrée	105
Handicapés	106
Heure locale	106
Objets trouvés	106
Offices du Tourisme	106
Poids et mesures	107
Pourboires	107
Sécurité	107
Téléphone	107
Toilettes	108
Transports	108
Urgences	111
Visites guidées	112

Argent

Banques. Elles sont ouvertes de 9h30 à 15h30 ou 16h30 du lundi au vendredi, et parfois le samedi matin. Les bureaux de change ferment plus tard.

Cartes de crédit. Les grandes cartes de crédit sont acceptées presque partout dans les villes, mais le détaillant aura tendance à les refuser pour un montant inférieur à £10. Aux guichets automatiques ATM, vous pouvez retirer de l'argent avec votre carte American Express, Mastercard ou Visa, à condition d'introduire le code NIP.

Traveller's cheques. Il vaut mieux les échanger dans les banques pour éviter les commissions prises par les bureaux de change, hôtels ou commerces ; il en va de même avec les devises étrangères. Des chèques de voyage couvrant de petits montants vous seront utiles si vous tombez à court d'argent avant la fin du séjour.

Monnaie. Une livre (£) = 100 pence (p). On trouve des pièces de 1 p à £2 et des billets de £5 à £50

Bureaux de poste

Ils sont généralement ouverts du lundi au vendredi de 9h à 17h30, le samedi jusqu'à 12h30. En dehors des heures, les timbres sont disponibles aux distributeurs installés à l'extérieur des bureaux de poste, ainsi que dans de nombreux commerces.

Les fax peuvent être envoyés depuis les hôtels ou la plupart des postes.

Londres compte de nombreux cafés Internet, en particulier autour de Trafalgar Square

Climat

Le climat britannique est très variable. Il serait sage de ne jamais quitter votre hôtel sans un parapluie.

Conduite automobile

Une taxe d'embouteillage est imposée à tous les véhicules désirant circuler dans le centre. Elle se règle par carte de crédit en appelant le ☎ 0845 900 12 34 dès votre arrivée en ville.

Pour télécharger un plan de la zone, rendez-vous sur le site www.tfl.gov.uk, puis cliquez sur «Road users».

Evitez de rouler dans Londres, car il est pratiquement impossible d'y parquer. Les parcomètres autorisent 2h de stationnement maximum. Londres possède néanmoins quelques parkings publics, entre autres 880 places sur Park Lane au giratoire de Marble Arch. Un plan gratuit des parkings publics peut être téléchargé sur le site Internet: www.ncp.co.uk.

Pour louer un véhicule, il suffit de présenter votre passeport et votre permis de conduire. Un âge minimum et un âge maximum sont parfois requis. En payant avec une carte de crédit, vous échappez à la caution.

Une fois habitué à la conduite à gauche, le reste va de soi. Attention aux piétons empruntant les passages délimités par des lignes au sol: ils ont la priorité dès qu'ils mettent un pied sur la chaussée.

Courant électrique

240 volts, 50 Hz. Prises à 3 fiches plates. Un adaptateur est indispensable. Les salles de bains de la plupart des hôtels sont équipées de prises 110 volts à deux fiches pour les rasoirs électriques.

Fêtes et jours fériés

Si le jour férié tombe un dimanche, le lundi est également férié. De nombreux commerces sont désormais ouverts les jours de fête officielle.

1er janvier	Nouvel-An
25 décembre	Noël
26 décembre	Boxing Day

Fêtes mobiles. Vendredi Saint, lundi de Pâques. Le premier et le dernier lundis de mai, ainsi que le dernier lundi d'août sont également fériés (*Bank holidays*).

Formalités d'entrée

Pour les citoyens suisses, français et belges, une carte d'identité ou un passeport valable suffit pour entrer en Grande-Bretagne.

Les personnes âgées de plus de 17 ans venant de pays non-membres de l'UE peuvent importer hors taxes en Grande-Bretagne: 200 cigarettes ou 50 cigares ou 250 g de tabac, 1 l d'alcool fort ou 2 l d'alcool jusqu'à 22% et 4 l de vin et 16 l de bière, et autres produits n'excédant pas une valeur de £390. Les marchandises achetées non détaxées à l'intérieur de l'UE et destinées à la consommation personnelle ne sont pas soumises à des restrictions.

Handicapés

Londres accorde une attention toute particulière aux personnes handicapées. Artsline fournit des informations complémentaires et des conseils en matière de spectacles, ☏ 7388 22 27 (www.artsline.org.uk).

Pour des logements spécialement équipés, contacter Tourism for All, c/o Vitalise, Shap Road, Industrial Estate, Kendal, Cumbria LA9 6NZ, ☏ 0845 124 99 71, www.tourismforall.org.uk.

L'Airbus entre Heathrow et le centre de Londres est équipé pour les fauteuils roulants, de même que la navette reliant les principales gares entre elles et le Docklands Light Railway; des Mobility Buses avec accès pour chaises roulantes circulent sur diverses lignes. Pour tous renseignements, veuillez contacter Transport for London, ☏ 7027 58 24/23, www.tfl.gov.uk. Le London Transport fournit une carte du métro en braille.

Heure locale

La Grande-Bretagne et l'Irlande vivent à l'heure GMT de novembre à mars (GMT +1 d'avril à octobre). Londres a donc 1h de retard sur Paris et Genève.

Objets trouvés

Pour tout objet perdu dans le métro, le bus ou un Black Cab, s'adresser au Bureau des objets trouvés des Transports londoniens: London Transport Property Office, 200 Baker Street, Marylebone, NW1, ouvert du lundi au vendredi de 8h30 à 16h, ☏ 0845 330 98 82. Si vous souhaitez faire intervenir votre assurance, il vous faut déclarer la perte à la police.

Offices du Tourisme

Britain & London Visitor Centre: 1 Lower Regent Street, Piccadilly Circus, SW1; ouvert le lundi de 9h30 à 18h30, du mardi au vendredi dès 9h, le samedi de 10h à 17h, le dimanche et les jours fériés de 10h à 16h (horaires réduits en hiver). Informations sur les voyages en Grande-Bretagne et sur les réservations dans les théâtres londoniens. ☏ 08701 566 366

Visit London: www.visitlondon.com.

Centres d'information: dans les gares de St Pancras et de Victoria (Victoria Station Forecourt); à la station de métro de Heathrow Airport, terminaux 1, 2 et 3, et dans le hall d'arrivée du terminal 3; à la station de métro Liverpool Street, dans le grand magasin Selfridges et à St Paul's Churchyard EC4 (☎ 7332 14 56). Ces bureaux sont ouverts tous les jours (sauf Selfridges) de 8h ou 8h30 à 19h ou plus tard; horaire réduit le week-end.

Poids et mesures

Bien que la Grande-Bretagne soit passée au système métrique et que l'on parle de plus en plus en mètres et en litres, la bière n'en est pas moins servie en pintes dans les pubs et les fruits vendus à la livre. S'ils donnent les températures en degrés Celsius, les présentateurs météo les convertissent souvent en degrés Fahrenheit. Difficile de changer des habitudes si ancrées !

Pourboires

Certains restaurants ajoutent d'office 10–15% de pourboire à l'addition, alors que d'autres laissent cela à votre appréciation. En parcourant le menu, voyez quelle est la politique adoptée – il n'y a aucune raison de payer deux fois le pourboire, même s'il est de bon ton de récompenser un service particulièrement attentionné. Le pourboire n'est pas de mise dans les pubs et cafétérias. Les chauffeurs de taxi et les coiffeurs attendent 10% de pourboire; les femmes de chambre et les gardiennes de toilettes apprécient un geste de votre part.

Sécurité

Dans toutes les grandes villes, il vaut mieux laisser les objets de valeur, passeports, chèques de voyage, etc. dans le coffre de l'hôtel jusqu'à ce que vous en ayez besoin. N'emportez que l'argent nécessaire pour la journée et une carte de crédit, et de préférence pas dans votre portefeuille ou sac à main.

Soyez attentif aux dangers encourus par les piétons dans la circulation. On roule à gauche. Lisez attentivement les indications peintes en blanc sur le trottoir à hauteur des passages pour piétons («*Look left*», regardez à gauche ou «*Look right*», regardez à droite). Les conducteurs s'arrêtent généralement dès qu'ils voient quelqu'un sur le point de traverser.

Téléphone

Les numéros de Londres sont composés de 8 chiffres commençant par le 7; dans la banlieue, ils commencent par un 8. L'indicatif longue distance est le 020 pour les deux zones.

Pour appeler l'étranger, faire le 00 + l'indicatif du pays (France 33, Suisse 41, Belgique 32) + le préfixe de la zone (sans le 0) + le numéro de l'abonné.

British Telecom (BT) et d'autres compagnies de téléphone privées possèdent leurs propres cabines qui acceptent pièces, cartes de crédit ou cartes téléphoniques agréées. Les cartes téléphoniques pour les cabines BT sont en vente dans les bureaux de poste, les kiosques à journaux et divers commerces.

Toilettes

Les toilettes publiques ne sont pas difficiles à trouver; elles sont indiquées par les initiales WC. Il y en a dans tous les parcs et bâtiments publics, dans les grands magasins et sur les places. Celles des gares possèdent des portes automatiques s'ouvrant avec une pièce de monnaie.

Transports

www.tfl.gov.uk
Centres d'information des transports londoniens (London Transport Travel Information Centres): aux stations de métro de Liverpool Street, Piccadilly Circus et Heathrow (terminaux 1, 2 et 3), dans les gares de Victoria et Euston, ainsi qu'à la gare routière de Victoria (Victoria coach station).
Informations 24h/24: ☎ 0843 222 12 34, www.tfl.gov.uk
Carte Oyster à prépaiement: www.tfl.gov.uk/oyster ou ☎ 0845 330 98 76

Métro. C'est la façon la plus commode de circuler dans Londres, à condition d'éviter les heures de pointe (de 7h30 à 9h30 et de 16h30 à 18h30 en semaine). Attention: les dernières rames circulent autour de minuit.

Overground. Le réseau de trains suburbains, qui traversent 20 districts (*boroughs*), est géré depuis 2007 par l'organisation Transport of London (TfL). Les trains ont été modernisés, les stations rénovées et les lignes prolongées.

Bus. Demandez le All London Bus Map du Grand Londres dans l'un des Offices du Tourisme cités ci-dessus (voir p. 106). Et notez bien tous les détails concernant les derniers bus (flanqués d'un «N» comme *night* ou d'un hibou). Les Britanniques montent généralement patiemment l'un après l'autre dans les bus. Alors, habituez-vous à faire la queue vous aussi.

Docklands Light Railway (DLR). Cette ligne de trains sans conducteur circule dans le quartier des Docks. Elle rejoint le réseau du métro à la station souterraine de Bank; la station aérienne de Tower Gateway est proche de la station de métro Tower Hill. Si donc vous voyagez avec un ticket simple course, changez à Bank pour éviter de payer une seconde fois. Si par contre vous possédez une Travelcard, vous pouvez opter pour l'une ou l'autre station.

Cartes spéciales. Le moyen le plus pratique et le plus économique pour vous déplacer est la carte Oyster. Cette carte électronique à prépaiement vous garantit pour chaque trajet le prix le plus bas; pour cela, assurez-vous de bien valider votre carte en la passant à plat sur la borne de lecture en début et en fin de parcours dans le métro, en début de parcours uniquement dans les bus (une lumière verte doit s'allumer). Vous pouvez acheter la carte Oyster sur Internet (www.tfl.gov.uk/oyster), dans les stations de métro et les centres d'information des transports londoniens, au ☎ 0845 330 98 76, ainsi que sur certains vols; vous pouvez les recharger dans les stations de métro et dans les kiosques à journaux affichant le logo de l'Oyster Card. Par ailleurs, on trouve toujours des tickets de métro, vendus en carnets de 10 pour le centre (Zone 1), mais il existe des solutions meilleur marché:

All-Zone Visitor Travelcard. Une bonne solution si vous prévoyez de gagner tous les jours la périphérie (Heathrow, Richmond, Kew, etc.). Cette carte de 1, 3, 4 ou 7 jours n'est disponible qu'à l'étranger, dans les agences de voyages ou celles de British Rail International. Valable sur tout le réseau longue distance du métro et des bus londoniens, le DLR et le British Rail Network South East, elle s'accompagne d'un carnet de bons de réduction dans les musées londoniens. Pas de photo d'identité.

Off-peak Travelcard. Valable après 21h30, pour 1 ou 7 jours ou pour un week-end sur les moyens de transport indiqués ci-dessus. Une photo d'identité est exigée pour la carte de 7 jours. Cette Travelcard est en vente dans les stations de métro, les bureaux d'information des transports londoniens et quelques kiosques à journaux. Elle offre la possibilité de se limiter aux zones 1 et 2, si l'on choisit de rester dans le centre. Carte de famille aussi disponible.

LT Card. Mêmes offres que pour la Off-peak Travelcard, mais sans limites de temps.

Taxis. Même si vous voyagez à l'économie, vous aurez sans doute besoin d'un taxi londonien à un moment ou l'autre, et surtout la nuit. Les chauffeurs des Black Cabs (le nom reste, mais les véhicules ne sont plus tous noirs) connaissent la ville dans ses moindres recoins. Vous payerez le forfait inscrit au compteur pour toute course dans Londres, avec un supplément pour les bagages ou un passager supplémentaire.

On peut soit gagner l'une des nombreuses stations de taxis, soit appeler une voiture au 7272 02 72 ou 7253 50 00, ou en arrêter une dans la rue, à condition que son voyant jaune (indiquant qu'elle est libre) soit allumé.

Minicabs. Contrairement aux Black Cabs, les minicabs, non titulaires de patente, n'ont pas le droit de démarcher des clients dans la rue. Ils sont répertoriés dans les pages jaunes de l'annuaire. Comme ils sont dépourvus de compteur, négociez le montant de la course avant le départ; par ailleurs, il serait bon de connaître la meilleure route à suivre. Les minicabs, généralement moins chers que les Black Cabs, sont une bonne solution si par exemple vous souhaitez gagner Hampton Court Palace à quatre. Au besoin, vous pouvez appeler GLH Car Service au 7490 42 22 (www.glh.co.uk), dans le métier depuis 1967. Les clientes de Lady Cabs, ☎ 7272 33 00 (www.ladyminicabs.co.uk), peuvent demander une femme comme chauffeur.

De Heathrow, le métro vous mène au centre de Londres (Piccadilly Line) en environ 40 min. Le train direct Heathrow Express relie l'aéroport et la gare de Paddington en 15 min depuis les terminaux 1, 2 et 3, 20 min depuis le terminal 4; départs toutes les 15 min. Vous pouvez acheter le billet dans le hall de réception des bagages. L'Airbus part toutes les 20 min vers King Cross Station avec des haltes sur tout le trajet. Le taxi coûte au moins £60.

De Gatwick, le moyen le plus rapide (30 min) pour rallier la gare de Victoria est le Gatwick Express, un direct avec départ toutes les 15 min. Le Thameslink de British Rail quitte Gatwick toutes les 30 min la journée et toutes les heures dans la soirée pour King's Cross, Blackfriars et London Bridge. Les cars Flightline 777 gagnent la gare routière de Victoria en 70 min.

De London City Airport, bus-navette pour Liverpool Street Station (25 min) et pour Canary Wharf, point d'embarquement pour le DLR.

De Stansted Airport, un train rallie Liverpool Street Station en 40 min, un bus National Express mène à Victoria en 80 min.

De Luton Airport, train ou car jusqu'à King's Cross (comptez 45 à 60 min de trajet); car jusqu'à Victoria (env. 75 et 90 min).

Bus longue distance. Si vous voulez sortir de la capitale, renseignez-vous au British & London Visitor Centre ou dans l'un des centre d'information sur les horaires des bus intervilles. Vous pouvez aussi vous rendre à la gare routière de

Victoria (Victoria Coach Station), 164 Buckingham Palace Road, SW1 (tous les jours de 6h à 23h30), ou contacter l'une des principales compagnies d'autocars: National Express (☎ 0871 781 81 78, www.nationalexpress.com) ou Green Line (☎ 0844 801 72 61, www.greenline.co.uk). Consultez également le site www.megabus.com qui propose des billets à bon prix.

Le British & London Visitor Centre ou les centres d'information peuvent vous renseigner sur les excursions organisées à Stratford-upon-Avon, Kew Gardens, Hampton Court Palace, et autres sites touristiques.

Trains intervilles (Inter City Rail). Pour quitter Londres, voici les gares de départ vers diverses villes et régions:
Euston pour Stratford-upon-Avon, les Midlands et Glasgow;
King's Cross pour Cambridge, York et Edimbourg;
Liverpool Street pour Cambridge, Colchester, Ipswich et Norwich;
Paddington pour Oxford, Bath et le West Country;
Victoria pour Gatwick, Brighton, Canterbury et Douvres;
Waterloo pour Winchester, Salisbury, Bournemouth et Portsmouth;
St Pancras pour l'Eurostar. Informations: ☎ 08432 186 186
Renseignements sur les chemins de fer nationaux: ☎ 08457 484 950.

Stationlink. Ces bus-navettes assurent la correspondance avec toutes les gares et avec l'Airbus Victoria-Heathrow. Les bureaux d'information des transports londoniens distribuent informations et horaires (voir p. 108).

Urgences

En cas d'extrême urgence (police, ambulance, pompiers), faire le 999 ou le 112, valables dans tout le pays.

Autrement, vous pouvez vous rendre au service d'urgence de l'un des hôpitaux (24h sur 24). Demandez au portier de l'hôtel de vous indiquer où se trouve l'hôpital le plus proche, ou l'adresse d'un médecin.

En cas d'urgence, les citoyens suisses et de l'UE en possession d'une carte européenne d'assurance maladie peuvent se faire soigner gratuitement au National Health Service. Sinon, vous devrez consulter un médecin privé. Avant votre voyage, vérifiez si votre assurance maladie couvre les frais médicaux à l'étranger. Si non, il serait sage de contracter une assurance complémentaire. Service ambulatoire:

Medical Express, 117A Harley Street, London W1, ☎ 7499 19 91

Pharmacies ouvertes tard le soir et le dimanche:
Bliss Chemist, 5 Marble Arch, ☎ 7723 61 16, 7 jours sur 7, 9h–minuit
Boots the Chemist, Piccadilly Circus, ☎ 7734 61 26
Lundi à vendredi de 8h à minuit, samedi de 9h à minuit, dimanche de midi à 18h

Visites guidées

En bus. A Londres, des bus touristiques à étage s'arrêtent en divers endroits (Piccadilly Circus, Marble Arch, etc.). Commentaires en plusieurs langues (guide ou cassettes). Vous pouvez également organiser votre propre visite guidée avec les bus réguliers: les lignes 11, 15 et 38 vous permettront de voir les principales curiosités. London General Transport organise des visites guidées de London by Night. Départs de Victoria Station, de mai à fin septembre à 19h30, 20h et 21h30; de fin septembre à avril à 19h30. Informations: ☎ 8545 61 09.

En bateau. De nombreuses vedettes sillonnent la Tamise, ponctuée d'endroits intéressants; elles descendent jusqu'à Greenwich, aux Docks ou au barrage ou remontent, du printemps à l'automne, jusqu'à Kew et Hampton Court Palace. Pour des croisières avec déjeuner, dîner ou disco, vous pouvez vous informer aux débarcadères de Westminster, de Tower Bridge ou de Charing Cross, ou consulter les agendas des magazines. Un Discoverer ticket, valable un jour et vendu aux débarcadères donne aussi droit à des réductions sur six attractions des bords du fleuve. Renseignements auprès de City Cruises ☎ 7740 04 00 ou de Thames River Services ☎ 7930 40 97. D'avril à septembre, une péniche parcourt le Regent's Canal. Embarquement à Little Venice et Camden Lock. London Waterbus, ☎ 7482 25 50, www.londonwaterbus.com.

A vélo. La London Bicycle Tour Company, Gabriel's Wharf, organise des circuits de 2h30 à travers le centre-ville à 10h30 (tous les jours en été, le week-end en hiver sur réservation – ☎ 7928 68 38, www.londonbicycle.com).

A pied. Divers circuits à thème sont proposés, notamment par: London Walks (☎ 7624 39 78, www.walks.com), Secret London Walks (☎ 8881 29 33, www.secretlondonwalks.co.uk), Open House Architecture (☎ 7383 21 31, www.openhouse.org.uk) ou Urban Gentry (www.urbangentry.com, ☎ 8149 62 53). A nous deux Londres propose tous les dimanches matin des promenades guidées en français de divers quartiers de la capitale (☎ 8876 04 29, www.anousdeuxlondres.co.uk).

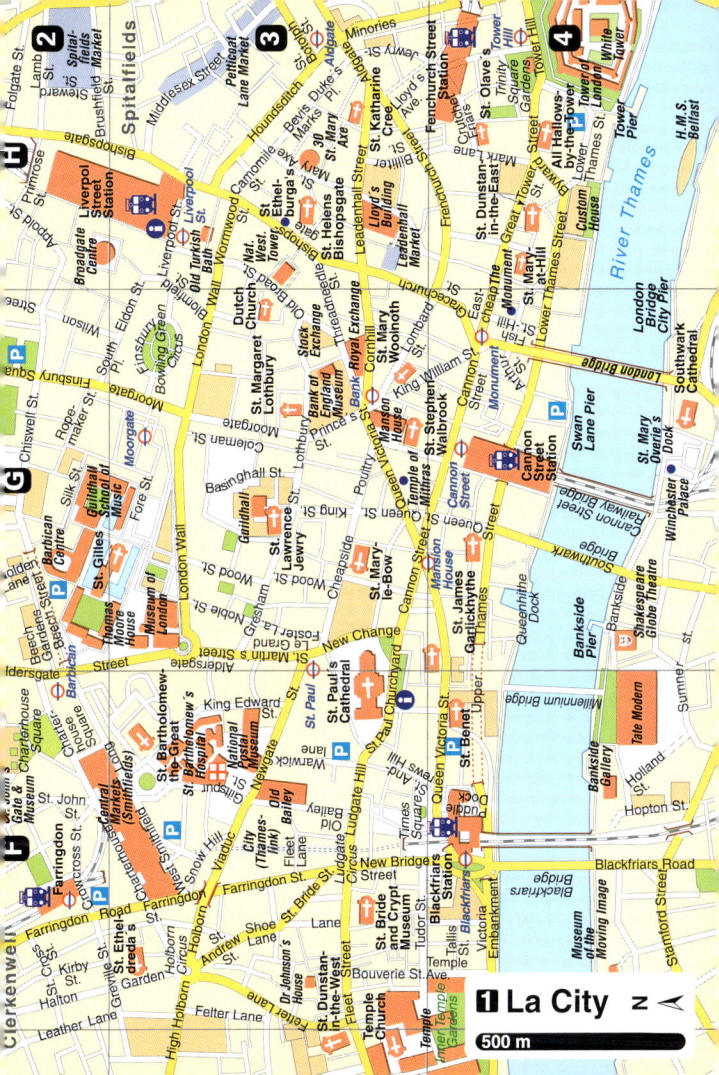

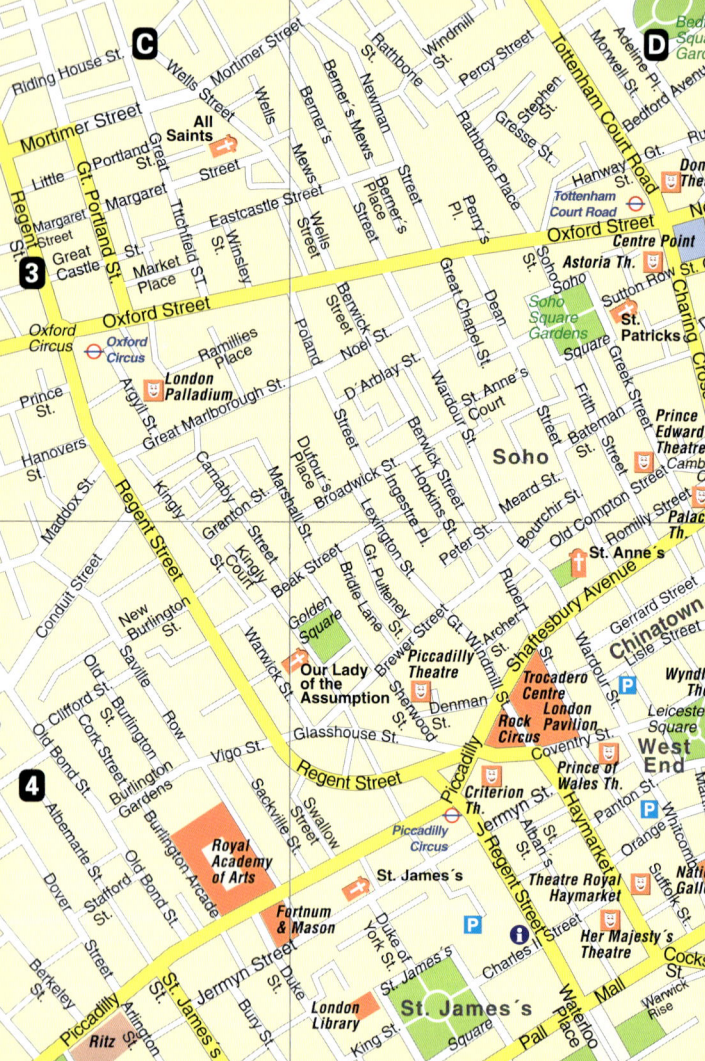

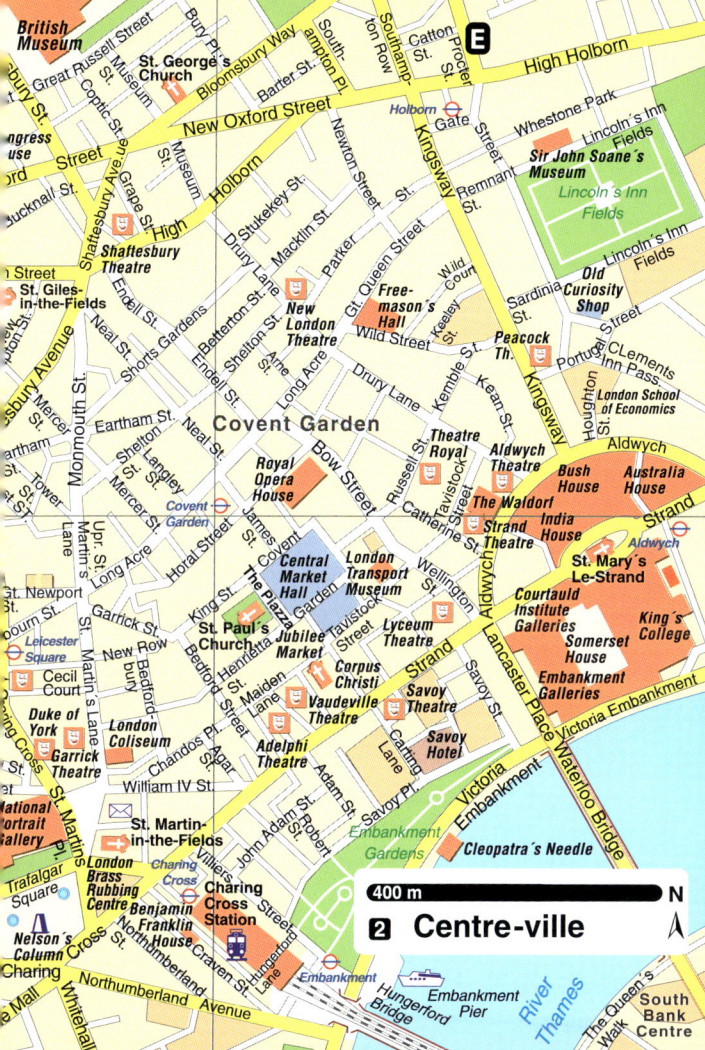

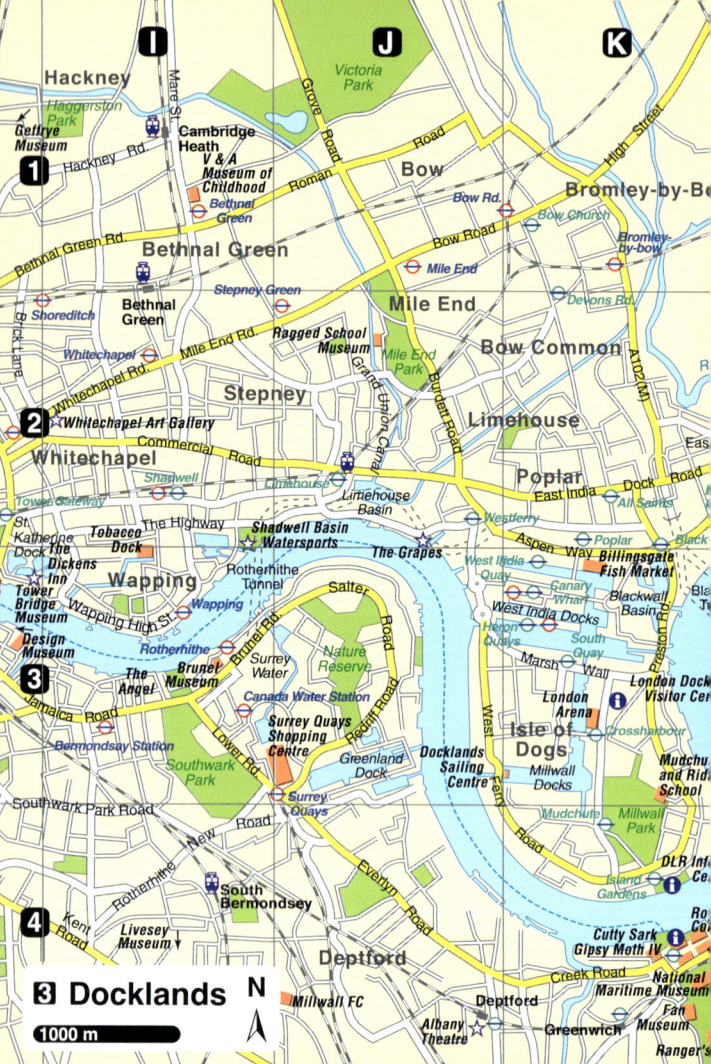

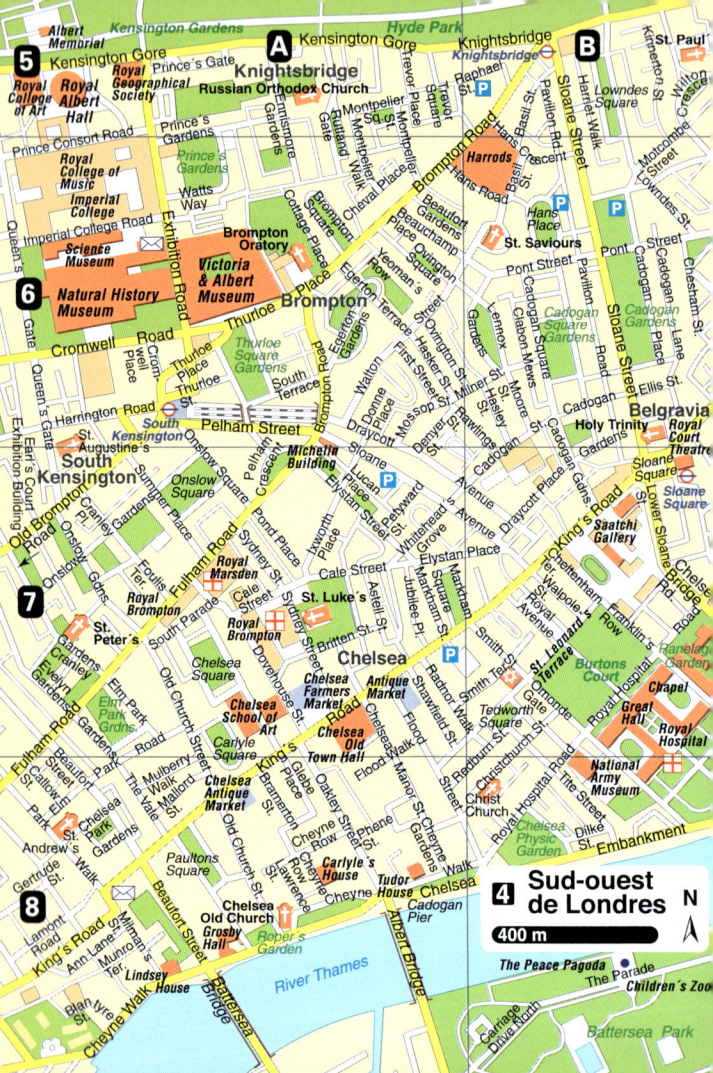

INDEX

Albert Memorial 54
Apsley House 46–47
Bank of England Museum 19
Bankside, usine électrique 61
Banqueting House 41
Barbican Arts Centre 96
Battersea Park 53
B. Franklin House 33
Bishopsgate 72
Boîtes de nuit 97–98
Bond Street 30
Brick Lane 57, 70, 72
British Museum 28
Brunel Museum 58–59, 64
Buckingham Palace 46
Cabinet War Rooms 42
Cambridge 78–79
Camden Market 56
Canterbury 79
Carnaby Street 30
Charing Cross 41
Cheapside 22
Chelsea Physic Garden 53
Chelsea Royal Hospital 53
Chessington World of Adventures 37
Chiswick House 76–77
Christ Church, Spitalfields 70, 72
Churchill Museum 42
Clarence House 45
Clink Prison Museum 37, 64
Clockmakers' Museum 20
Courtauld Gallery 33
Covent Garden 32–33

Dennis Severs' House 68–69
Design Museum 59
Dickens's House 27
Docklands 70–71
Dr Johnson's House 17
Embankment Galleries 33
Estorick Collection 77
Florence Nightingale Museum 63
Fortnum & Mason 32, 49
Geffrye Museum 69
Globe Theater 60–61, 64
Grands magasins 48–49
Guildhall 19–20
Guildhall Art Gallery 20
Hampstead Heath 77–78, 84
Hampton Court Palace 79–80
Harrods 48, 51, 54
Hatfield House 80–81
Highgate 84
Historic Maritime Greenwich 71
HMS Belfast 59
Holland Park Open Air Theatre 98
Houses of Parliament 42
Hyde Park 37, 50
Imperial Institute Tower 54
Imperial War Museum 63
Inns of Court 26–27
Keats House 84
Kensington Gardens 37, 50
Kensington Palace 50
Kenwood House 84, 98

Kew Gardens 78
King's Road 52–53
Knightsbridge 51
Leeds Castle 81
Legoland 83
Leicester Square 32, 35
Liberty plc 30
London Aquarium 37, 62
London Coliseum 96
London Dungeon 37, 60
London Eye 37, 62
London Film Museum 62
London Oratory 54
London Transport Museum 33
London Wetland Centre 78
London Zoo 28–29, 36
Madame Tussauds 28
Marchés 56–57
Marks & Spencer 30, 49
Millennium Bridge 62
Mind the Gap 32
Mode 49
Monument 20–21, 22
Museum of London 19
National Gallery 40
National Portrait Gallery 40
Natural History Museum 36, 52
Notting Hill 51
Old Bailey 18
Old Operating Theatre Museum 60
Oxford 81–82
Oxford Street 29–30
Petticoat Lane 57, 70
Piccadilly Circus 31
Portobello Road 56

INDEX

Priory Church of St Bartholomew the Great 18
Pubs 74–75
Pudding Lane 22
Regent's Park 28
– Open Air Theatre 98
Royal Academy of Arts 96
Royal Albert Hall 54, 96
Royal Botanic Gardens 78
Royal Exchange 22
Royal Opera House 96
Saatchi Gallery 53
Sadler's Wells 96
Salisbury 82
Science Museum 36, 52
Selfridges 30, 49
Shakespeare's Globe Theatre and Exhibition 60–61, 64
Sherlock Holmes Museum 29
South Bank Centre 96
Southwark Cathedral 60
Spencer House 45
Spitalfields 57, 72
St Bride's 16–17
St James's Church 31
St James's Palace 43–45
St James's Park 43
St Martin-in-the-Fields 39–40
St Mary-le-Bow 22
St Paul's 18, 22
St Stephen Walbrook 19, 22
Stonehenge 82
Stratford-upon-Avon 82–83
Tate Britain 43
Tate Modern 36–37, 61–62
10 Downing Street 41
Thames Barrier 71
Thames Path 64
Théâtres 96, 98
Tower Bridge 21
Tower of London 21, 37
Trafalgar Square 39
V&A Museum 51–52
– of childhood 70
Wallace Collection 29
Wellington Arch 47–50
Wellington Museum 46–47
Westminster Abbey 42–43
Whitechapel Art Gallery 70
Whitechapel Road 72
Whitehall 40–41
Windsor Castle 83
Winston Churchill's Britain at War Experience 60
Woburn Abbey 83

Rédaction: Chantal Schindler et Agnès Curchod
Mise en page: Luc Malherbe – **Litho:** Christine Bourgeois
Crédits photographiques: Guy Minder, sauf: hemis.fr/Wysocki: pp. 6, 17, –/Gardel: pp. 13, 56 (droite), –/Derwal: p. 57 (droite); Corbis: pp. 25, 74, 101; B Ender: p. 29; Christine Osborne Pictures: pp. 47, 77; Leonie Mann: p. 48; S. Cordaiy Photolibrary: p. 63; Life File/Emma Lee: p. 80;©istockphoto.com/C. Steer: p. 57 (gauche), –/angelhell: p. 100 (bobine)
Cartographie: Elsner & Schichor; JPM Publications

Copyright © 2011, 2007 by JPM Publications S.A., 12, avenue William-Fraisse, 1006 Lausanne, Suisse
information@jpmguides.com – http://www.jpmguides.com/

Tous droits, en particulier de reproduction, de diffusion et de traduction, réservés. Sans autorisation écrite de l'éditeur, il est interdit de reproduire cet ouvrage, même partiellement, d'en faire des copies ou de le retransmettre par quelque moyen que ce soit, électronique ou mécanique (photocopie, microfilm, enregistrement sonore ou visuel, banque de données ou tout autre système de reproduction ou de transmission).

Bien que l'exactitude des informations rassemblées dans ce guide ait été soigneusement vérifiée, ni l'éditeur ni son client ne sauraient assumer la responsabilité d'éventuelles erreurs. Nous examinons volontiers toutes les remarques dont nos lecteurs voudraient bien nous faire part.

Printed in Switzerland – 11562.01.8749 – Edition 2011